百衲本

史記

(西漢)司馬遷 著

廣陵書社

圖書在版編目（CIP）數據

百衲本史記 / (西漢) 司馬遷著. -- 揚州 : 廣陵書社, 2011.3 (2013.3 重印)
ISBN 978-7-80694-674-9

Ⅰ. ①百… Ⅱ. ①司… Ⅲ. ①中國－古代史－紀傳體 Ⅳ. ①K204.2

中國版本圖書館CIP數據核字(2011)第031052號

ISBN 978-7-80694-674-9

百衲本史記

著　者	(西漢)司馬遷
責任編輯	王志娟　邱數文
出 版 人	曾學文
出版發行	廣陵書社
社　址	揚州市維揚路三四九號
郵　編	二二五〇〇九
電　話	(〇五一四)八五二二八〇八八　八五二二八〇八九
印　刷	金壇市古籍印刷廠有限公司
版　次	二〇一一年三月第一版第一次印刷
印　次	二〇一三年三月第三次印刷
標準書號	ISBN 978-7-80694-674-9
定　價	伍仟捌佰圓整(四函三十册)

http://www.yzglpub.com　E-mail:yzglss@163.com

前言

司馬遷的《史記》，是中國第一部紀傳體通史。全書一百三十篇，分爲十二本紀、十表、八書、三十世家、七十列傳。記事起于傳説中的黄帝，迄于漢武帝，歷時三千餘年。所述史事，詳于戰國、秦、漢。《史記》以『究天人之際、通古今之變、成一家之言』爲宗旨，上溯黄帝，下論漢武，熔三千年歷史于一爐；以『厥協六經异傳，整齊百家雜語』的氣概，創構五體，包羅萬象，匯百科性知識于一編。《史記》無愧于『史家之絶唱，無韵之《離騷》』（魯迅《漢文學史綱要》語）的美譽，是中國文化史上一部體大思精的百科全書式的經典巨著，也是世界文化寶庫中的一顆璀燦明珠。它在史學、文學和其他領域所取得的巨大成就，一直受到學術界的高度推崇。清章學誠《文史通義·釋通》稱『總古今之學術，而紀傳一規乎史遷，鄭樵《通志》作焉』，現代學者稱《史記》的出現，『爲中國史學的發展奠定了堅實的基礎，具有劃時代的意義』。

讀書首當讀《史記》。自《史記》問世之後就不斷有人對它進行注釋、評論和研究，『史記學』有着悠久的歷史傳統。一般認爲，漢唐是史記學的形成時期，宋元明清及近代是史記學的發展時期，新中國建立以來的當代是史記學的深入和豐收時期。劉宋裴駰《史記集解》、唐司馬貞《史記索隱》、張守節《史記正義》，世稱『三家注』，是漢唐時代史記學集大成之作，與《史記》

原文相輔相成，相得益彰。因此，自宋代三家注合刻以後，讀《史記》者又多重三家注本。

新中國建立以來，『史記學』取得了豐碩的成果。如對歷代《史記》研究情况作了很多研究，中國科學院歷史研究所編印《〈史記〉研究的資料和論文索引》，楊燕起、俞樟華編《〈史記〉研究資料索引和論文、專著提要》，徐興海主編《司馬遷與〈史記〉研究論著索引》，對漢代以來的《史記》研究論著及有關資料作了較全面的整理，爲查考《史記》研究的資料提供綫索。張新科、俞樟華編《史記研究史略》，安平秋、張大可、俞樟華主編《史記教程》，張新科《史記學概論》等書，對歷代《史記》研究的特點與成就作概括和總結。張大可、安平秋、俞樟華主編《史記研究集成》十四卷，近五百萬字，系統全面地總結《史記》問世兩千多年來『史記學』的發展狀况、内容及歷程，『融古今中外成果于一編』，做到了工具性、資料性和學術性的統一。以上成果，爲人們從整體上、從各個角度研讀《史記》提供了極大的便利。

研讀《史記》，應關注版本。《史記》流傳至今已兩千多年。歷代傳寫刊刻流傳至今的，大約有六十多種，大致分爲數類：一、宋代以前的抄本十七種。全部是《史記集解》本，没有白文本，可分爲六朝抄本、敦煌唐抄卷子本、唐抄本、藏于日本的抄本四類。據張玉春《〈史記〉版本研究》可知，六朝抄本與唐抄本是現今能見到的最早的《史記》寫本，兩者之間無明顯差异。而自唐至宋，經歷了由寫本向刻本的轉變，體例有所變化，文字差异增加。二、《史記》最早的刻本《集解》單刻本。劉宋時裴駰撰《史記集解》，注文附《史記》正文以行，世稱《史記集解》本。宋代刊刻的第一部《史記》就是《集解》本，以後歷代均有刊刻，構成《史記集解》本系統。今存《集解》本有十行本、十四行本、十二行本。最重要的有關《史記》的最早刻本刊于北宋太宗淳化五年（九九四），半頁十行，每行十九字。今已亡佚。北宋仁宗景祐二年（一〇三五），國子監據淳化舊本重刊，即後世所説的『景祐本』，流傳至今。三、《史記索隱》單刻本。《史記索隱》單刻本不録《史記》全文，而是標字列注，即將注文列在相關的正文之下。《史記索隱》單刻本傳世者僅有明毛晋刻于崇禎十四年（一六四一）的汲古閣本，三十卷。四、《史記集解索隱》二家注合刻本。重要的有，

南宋孝宗乾道七年（一一七一）建安蔡夢弼刻本，是目前所知最早的二家注合刻本，及張杅桐川郡齋本、耿秉重修桐川郡齋本、中統本等。五、《史記集解索隱正義》三家注合刻本。重要的有，南宋黄善夫本、元彭寅翁本、明廖鎧本、明『嘉靖三刻』本、明南北監本、清刻武英殿本、清刻金陵書局本等。清同治五年至九年（一八六六—一八七〇）金陵書局張文虎主持刊刻本，參考錢泰吉等人的校本及衆多古刻本、時本，吸收《史記》研究的最新成果，考證异同，擇善而從，是清代後期比較好的刊本，也是中華書局點校本《史記》的底本。另外，一九三四年日本瀧川資言刊《史記會注考證》本，以金陵書局本爲底本，引用中日典籍一百二十餘種，别擇綴輯在正文或三家注文之下，并時作考證。一九

五五年，北京文學古籍刊行社影印出版該版本。一九八八年上海古籍出版社將日本人水澤利忠所作《史記會注考證校補》與此本合爲一書排印發行，資料最爲豐富。施之勉《史記會注考證訂補》可以參閱。賀次君《史記書録》、張玉春《〈史記〉版本研究》，對《史記》版本承傳、各本特點作了深入研究，對了解《史記》版本大有幫助。

三家注合刻本以宋黄善夫本爲最早。一般認爲，南宋寧宗慶元二年（一一九六）建安黄善夫刊本《史記集解索隱正義》一百三十卷（或稱慶元本），是目前所知最早的三家注合刻本。此本我國過去公私方面均未見著録，至民國時張元濟、傅增湘始有記載。該本僅有兩部存世：一爲日本國立歷史民俗博物館所藏一百三十卷本；一爲中國國家圖書館所藏殘存六十九卷本，即上海商務印書館影印本（或稱涵芬樓影印本）的底本。黄本上承單刻本與二家注合刻本之長，下啓三家注合刻之風，也奠定了《史記》版本學的基礎，功不可没。據專家研究，黄善夫本是以蔡夢弼《史記集解索隱》二家注合刻本爲底本，引入《正義》而成。在文本形態方面，較其前諸本更爲整齊而有條理，爲後世《史記》諸本所繼承。黄本在《史記》版本方面，具有無可替代的貢獻，首先是開創了三家注合刻的體例，便于閲讀，并爲後世所效法；其次是張守節《正義》賴以流傳，是至今保存《正義》最全的刊本；第三，對司馬貞《索隱》也有保存之功；第四，有《補三皇本紀》等内容。此外兩點也具特點，一是有耳題，一是《老子列傳》爲列傳第一。

《史記》百衲本對黄善夫本的品質有一定的提升。傅增湘曾稱贊黄本：『精雕初印，棱角峭厲，是建本之最精者。』有學者曾舉數十例，謂『凡此所舉，不但可以刊正柯、王兩本之訛脱，南宋蔡夢弼、張杅本雖亦精善，以視此本，奚翅霄壤』，稱贊黄本精善。但更多的學者認爲，黄本作爲建刊本，明顯具有建刊本的不足，即校勘不精，訛衍脱倒比較嚴重。爲甚麼評價會大有不同呢？實與影印的百衲本有關。一九三六年上海商務印書館以國内所藏六十九卷，又借用日本藏本中的六十一卷，經張元濟校勘，影印出版，世稱《史記》百衲本。百衲本《史記》的底本爲黄本，校本爲清乾隆間武英殿刻三家注本，參校本有清劉喜海舊藏百衲本、明末毛晋汲古閣刻單索隱本、明王延喆刻三家注本和近人劉承幹影刻宋蜀大字本。六個較好的本子互校，其成果對學術研究而言應當是相當可貴的。張元濟《史記校勘記》，經王紹曾、杜澤遜、趙統等整理，一九九七年由商務印書館出版。據該書《整理説明》可知，『原校勘記共出校四千九百餘條，而批「修」、「補」、「削」字者一千八百餘條』，此外，杜澤遜從水澤利忠《史記會注考證校補》中輯出影印本改字而張元濟《史記校勘記》所無的三二六條作爲《史記校勘記補遺》，二者合計達五千一百一十多條。張元濟雖對黄善夫本等做過較仔細的校勘工作，但可惜的是，張元濟并未在《百衲本二十四史·史記》跋文和《校史隨筆》中將黄善夫本的校勘草率、差錯甚多的實情及時揭示出來，而是徑改二千多處明顯訛誤後將黃善夫本影印出版。

由于黃善夫本《史記》原件一般學者難以見到，張元濟又未及時對改動作任何説明，這就造成了後來《史記》版本、校勘研究以及其他研究中的一些錯誤認識。杜澤遜《論南宋黃善夫本〈史記〉及其涵芬樓影印本》一文指出：『半個多世紀以來人們所説的「黃善夫本《史記》」實際上不過是影印本而已。影印本與原本之懸殊已如上言，那么，借影印本來談原本之優劣善否，就難免隔靴搔癢之嘆。其結論之偏頗，勢所必然。』

由上可知，《史記》百衲本與黃善夫本已不可視爲同本。而兩者的功用，也當給予實事求是的評價。我們知道，一九九八年日本汲古書院據日本歷史民俗博物館所藏南宋刊《史記》黃善夫本，全本影印出版，完全忠實于原本，從而使《史記》版本研究者可以真正一睹黃善夫本的原貌。這對廓清《史記》版本史的真實面貌，澄清積誤，多有裨益。而百衲本以『求是』爲目的，以『存真』爲原則，擇善而從，誠如王紹曾所説『此實集校勘家之大成』，『《衲史》之可貴，蓋在兼具校本與影印本兩者之長，當非淺學者掊摭各本侈談是非者所可比擬也』。從這個意義上講，《史記》百衲本對黃善夫本的品質，有一定的提升。訂正黃本訛誤二千處，對一般讀者來説，有極大的幫助作用。因此，我們重新影印出版百衲本，以饗讀者。

王華寶

二〇一一年三月

百衲本二十四史

史記

四部叢刊史部

上海涵芬樓影印
南宋黃善夫刻本
原書板匡高二十
公分寬十三公分

史記集解序

裴駰 司馬貞索隱曰駰字龍駒河東聞喜人宋中郎外兵曹參軍父松之字世期太中大夫注三國志宋書父子同傳。正義曰裴駰採九經諸史并漢書音義及衆書之目而解史記故題史記集解序序緒也孫炎云謂端緒也孔子作易序卦子夏作詩序之義其來尚矣

班固有言曰 索隱曰固撰漢書作司馬遷傳評其作史記所採之書兼論其得失故裴駰此序先引之爲說也按固字孟堅扶風人後漢明帝時仕至中護軍祖穉潁川太守父彪徐令續太史公書 司馬遷 正義曰字子長左馮翊人也漢武帝時爲太史令撰史記百三十篇父談亦爲太史令 據左氏國語 索隱曰仲尼作春秋經魯史左丘明作傳合三十篇故曰左氏傳國語亦丘明所撰上起周穆王下訖敬王其諸侯之事起魯莊公迄春秋末凡二十一篇

采世本戰國策 索隱曰劉向云世本古史官明於古事者之所記也録黃帝已來帝王諸侯及卿大夫系謚名號凡十五篇也戰國策高誘云六國時縱横之說也一曰短長書亦曰國事劉向撰爲三十篇名曰戰國策按此是班固取其後名而書之非遷時已名戰國策 述楚漢春秋 索隱曰漢太中大夫楚人陸賈所撰記項氏與漢高祖初起及說惠文間事 接其後事訖于天漢 索隱曰武帝年號言太史公所記迄至武帝天漢之年也 其言秦漢詳矣至於采經摭傳 索隱曰按字書摭拾也音之赤反 分散數家之事甚多疏略或有抵捂 索隱曰抵音丁禮反捂音吾故反抵者觸也捂亦斜相抵觸之名按今屋梁上斜柱是也

斜觸謂之牾下觸謂之抵抵牾言其參差也以言彼此二文同出一家而自相乖舛亦其所

涉獵者廣博貫穿經傳馳騁古今上下

數千載間斯已勤矣正義曰言作史記採經傳百家之事上下二千餘年此其甚勤於撰錄也又其是非頗謬於聖人索隱曰聖人謂周公孔子也言周孔之教皆宗儒尚德今太史公乃先黃老崇勢利是謬於聖人。正義曰太史公史記各顯六家之宗黃老道家之宗六經儒家之首序游俠則退處士述貨殖則崇勢利處士賤貧原憲非病夫作史之體務涉多時有國之規備陳臧否天人地理咸使該通而遷天縱之才述作無滯故異周孔之道班固詆之裴駰引序亦通人之蔽也而固作漢書與史記同者五十餘卷謹寫史記少加異者不弱即劣何更非剩史記乃是後士妄非前賢又史記五十二萬六千五百言叙二千四百一十三年事漢書八

十一萬言叙二百二十五年事司馬遷引父致意班固父脩而蔽之優劣可知矣論大道

則先黃老而後六經正義曰大道者皆稟乎自然不可稱道也道在天地之前先天地生不知其名字之曰道黃帝老子遵崇斯道故太史公論大道須先黃老而後六經序

游俠則退處士而進姦雄索隱曰游俠謂輕死重氣如荊軻豫讓之輩也游從也行也俠挾也持也言能相從游行挾持之事又曰同是非曰俠。正義曰姦雄猾雄豪之人述貨殖正義曰殖生也言貨物滋生也則崇勢利正義曰趨利之人此其所蔽也正義曰此三者是司馬遷不達理也然自劉向

揚雄博極羣書皆稱遷有良史之才服

其善序事理辯而不華質而不俚索隱曰俚音里

劉德曰俚即鄙也崔浩云出有鄙俚之語則俚亦野也謂詞不鄙樸其文直其事核不虛美不隱惡故謂之實錄駰以爲固之所言世稱其當正義曰駰音因當音丁浪反裴駰以班固所論司馬遷史記是非世人稱班固之言雖時有紕繆索隱曰紕音匹之反紕猶錯也亦作紕字書云織者兩絲同齒曰紕繆亦與謬同實勒成一家正義曰雖有小紕繆實編勒成一家之書矣總其大較索隱曰較音角較猶略也則大較猶言大略也○正義曰較明也信命世之宏才也索隱曰按孟子云五百年生一賢其間必有名世者趙岐曰名世次聖之才物來能名此言命者名也言賢人有名於世也宏才大才謂史遷考較此書文句不同有多有少莫辯其實

而世之惑者定彼從此是非相貿眞僞舛雜正義曰貿音茂舛音昌轉反言世之迷惑淺識之人或定彼從此本更相貿易眞僞雜亂不能辯其是非故中散大夫東莞徐廣研核衆本爲音義正義曰作音義十三卷裴駰爲注散入百三十篇具列異同兼述訓解正義曰徐作音義具列異同之本兼述訓解釋也粗有所發明而殊恨省略索隱曰殊絕也左傳曰斬其木不殊言絕恨其所撰太省略○正義曰省音山景反聊以愚管索隱曰按東方朔云以管窺天以蠡測海皆喻小也然此語本出莊子文今云愚管者是駰謙言己愚陋管見所識不能遠大也增演徐氏正義曰演音羊善反增益也言裴駰更增益演徐氏之說采經傳百家并先

儒之説正義曰採取也或取傳説採諸子百家兼取先儒之義先儒謂孔安國鄭玄服虔賈逵等是也言百家廣其非一豫是有益悉皆抄内正義曰並採經傳之説有裨益史記盡抄内其中抄音楚交反删其游辭取其要實正義曰删音師顔反删除也去經傳諸家浮游之辭取其精要之實或義在可疑則數家兼列正義曰兼列數家之説不同各有道理致生疑惑不敢偏棄故皆兼列

漢書音義稱臣瓚者莫知氏姓索隱曰按即傳瓚而劉孝標以爲于瓚非也據何法盛書于瓚以穆帝時爲大將軍誅死不言有註漢書之事又其註漢書有引録秩令及茂陵書然彼二書亡於西晉非于所見也必知是傳瓚者按穆天子傳目録云傳瓚爲校書郎與荀勗同校定穆天子傳即當西晉之朝在于之前尚見茂陵等書又稱臣者以其職典秘書故也瓚音殘岸反今直云瓚曰又都無姓名者但云漢書音義正義曰漢書音義中有全無姓名者裴氏注史記直云漢書音義按大顔以爲無名義今有六卷題云孟康或云服虔蓋後所加皆非其實未詳拍歸也時見微意有所裨補正義曰見音賢見反裨音卑又音頻移反裨益也裴氏云時見已之微意亦有所補益也譬嘒星之繼朝陽索隱曰嘒微小貌也詩云嘒彼小星三五在東言衆無名微小之星各隨三心五蜀出在東方亦能繼朝陽之光嘒音火慧反朝陽日也嘒星繼朝陽喻己淺薄而註史記也飛塵之集華嶽正義曰西岳華山極高大裴氏自喻材藻輕小如飛塵之集華岳亦能成其高大管子云海不辭水故能成其大山不辭土故能成其高華音故化反又如字以徐爲本正義曰徐廣音義辨諸家異同故以徐爲本也號曰集

解未詳則闕弗敢臆說正義曰有未詳審之處則闕而不論不敢以胷臆之中而妄解說也人心不同正義曰言人心既不同所見亦殊別也聞見異辭正義曰耳聞目見心意既乖其辭所以各異也班氏所謂疏略抵捂者依違不悉辯也索隱曰裴氏言今或依違不復更辯明之也按周公世家敘傳曰依之違之周公綏之愧非胥臣之多聞索隱曰晉大夫曰季名曰胥臣按國語稱晉文公使趙衰爲卿辭曰欒枝貞愼先軫有謀胥臣多聞皆可以爲輔又胥臣對文公黃帝二十五子及屯豫皆八等事是多聞也子產之博物索隱曰鄭卿公孫僑字子產按左氏傳子產聘晉言晉侯之疾非實沈臺駘之祟乃說飲食哀樂及内官不及同姓則能生疾晉侯聞子產之言曰博物君子也妄言末學蕪穢舊史

豈足以關諸畜德庶賢無所用心而已索隱曰關預也畜德謂積德多學之人也裴氏謙言己今此集解豈足關預於積學多識之士乎正是冀望聖賢勝於飽食終日無所用心愈於論語不有博弈者乎之人耳

史記集解序

建安黃善夫刊
于家塾之敬室

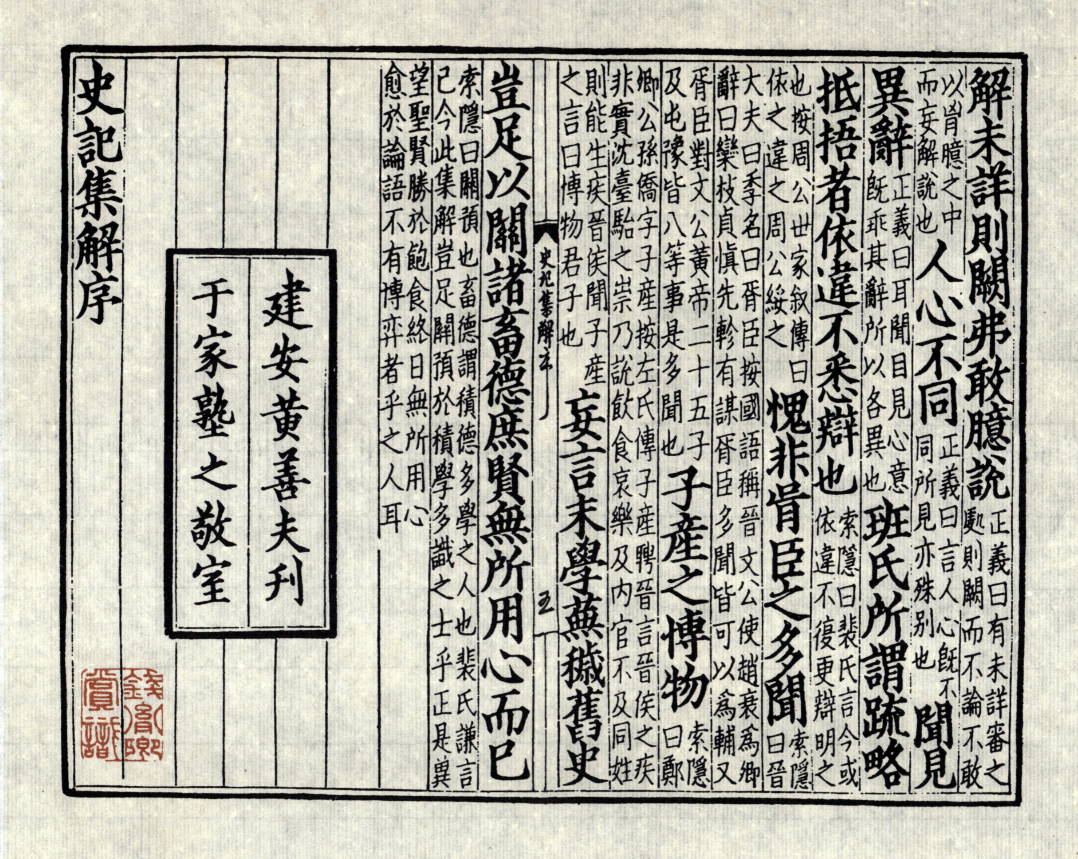

補史記序

小司馬氏

太史公古之良史也家承二正之業人當五百之運兼以代爲史官親掌圖籍慨春秋之絶筆傷舊典之闕文遂乃錯綜古今囊括記録本皇王之遺事採人臣之故實爰自黄帝迄于漢武歴載悠邈舊章罕補漁獵則窮於百氏筆削乃成於一家父作子述其勤至矣然其叙

勸褒貶頗稱折衷後之作者咸取則焉夫以首創者難爲功因循者易爲力自左氏之後未有體制而司馬公補立紀傳規模別爲書表題目莫不本紀十二象歲星之一周八書有八篇法天時之八節十表放剛柔十日三十世家比月有三旬七十列傳取懸車之暮齒百三十篇象閏餘而成歲其間禮樂刑政君舉必書福善禍淫用垂炯誡事廣而文

局詞質而理暢斯亦盡美矣而有未盡善者具如後論雖意出當時而義非經遠蓋先史之未備成後學之深疑借如本紀叙五帝而闕三皇世家載列國而有外戚邾許春秋次國略而不書張吳敵國蕃王抑而不載並編錄有闕竊所未安又列傳所著有管晏及老子韓非管晏乃齊之賢卿即如其例則吳之延陵鄭之子產晉之叔向衞之史魚盛德不闕何爲蓋闕伯陽清虛爲教韓子峻刻制法靜躁不同德刑斯舛今宜柱史共漆園同傳公子與商君並列可不善歟其中遠近乖張詞義踳駮或篇章倒錯或贊論麤䟽蓋由遭逢非罪有所未暇故十篇有錄無書是也然其網絡古今叙述懲勸異左氏之微婉有南史之典實所以揚雄班固等咸稱其有良史之才蓋信乎其然也後褚少孫亦頗加

補綴然猶未能周備貞業謝顓門人非博古而家傳是學頗事討論思欲續成先志潤色舊史輒黜陟降改定篇目其有不備並採諸典籍以補闕遺其百三十篇之贊記非周悉並更申而述之附于衆篇之末雖曰狂簡必有可觀其所改更具條于後至如徐廣唯略出音訓兼記異同未能考覈是非解釋文句其裴駰實亦後進名家博採羣書專取

經傳訓釋以爲集解然則時有冗長至於盤根錯節残鈌紕繆咸拱手而不言斯未可謂通學也今輒採按今古仍以裴爲本兼自見愚管重爲之註號曰小司馬史記然前朝顏師古止註漢史今並謂之顏氏漢書貞雖位不逮顏公既補史舊兼下新意亦何讓焉

史記補史序

史記索隱序

朝散大夫國子博士弘文館
學士河内司馬　貞

史記者漢太史司馬遷父子之所述也遷自以承五百之運繼春秋而纂是史其褒貶覈實頗亞於丘明之書於是上始軒轅下訖天漢作十二本紀十表八書三十系家七十列傳凡一百三十篇始變左氏之體而年載悠邈簡冊闕遺

勒成一家其勤至矣又其屬槀先據左氏國語系本戰國策楚漢春秋及諸子百家之書而後貫穿經傳馳騁古今錯綜隱括各使成一國一家之事故其意難究詳矣比於班書微爲古質故漢晉名賢未知見重所以魏文侯聽古樂則唯恐卧良有以也逮至晉末有中散大夫東莞徐廣始考異同作音義十三卷宋外兵叅軍裴駰又取經傳訓釋作集

解合爲八十卷雖粗見微意而未窮討論南齊輕車録事鄒誕生亦作音義三卷音則微殊義乃更略爾後其學中廢貞觀中諫議大夫崇賢館學士劉伯莊達學宏才鉤深探賾又作音義二十卷比於徐鄒音則具矣殘文錯節異句微義雖知獨善不見傍通欲使後人從何准的貞謏聞陋識頗事鑽研而家傳是書不敢失墜初欲改更舛錯裨補疏遺

義有未通兼重註述然以此書殘缺雖多實爲古史忽加穿鑿難允物情今止探求異聞採摭典故解其所未解申其所未申者釋文演註又重爲述贊凡三十卷號曰史記索隱雖未敢藏之書府亦欲以貽厥孫謀云

史記索隱序

史記索隱後序

夫太史公紀事上始軒轅下訖天漢雖博采古文及傳記諸子其間殘缺蓋多或訪搜異聞以成其說然其人好奇而詞省故事覈而文微是以後之學者多所未究其班氏之書成於後漢彪既依遷而述所以條流更明且又兼采衆賢羣理畢備故其旨富其詞文是以近代諸儒共所鑽仰其訓詁蓋亦多門蔡謨集解之時已有二十四家之說所以於文無所滯於理無所遺而太史公之書既上序軒黃中述戰國或得之於名山壞宅或取之以舊俗風謡故其殘文斷句難究詳矣然古今爲註解者絶省音義亦希始後漢延篤乃有音義一卷又別有音隱五卷不記作者何人近代鮮有二家之本宋中散大夫徐廣作音義一十卷唯記諸本異同於義少有解釋又中兵郎裴駰亦名家之子也作集解註本合爲八十卷見行於代仍云亦有音義前代久已散亡南齊輕車録事鄒誕生亦撰音義三卷音則尚奇義則罕說隋秘書監柳顧言尤善此史劉伯莊云其先人曾從彼公受業或音

解隨而記録凡三十卷隋季喪亂遂失此書伯莊以貞觀之初奉勑於弘文館講授遂采鄒徐二說兼記憶柳公音旨遂作音義二十卷音乃周備義則更略惜哉古史微文遂由數賢祕寶故其學殆絶前朝吏部侍郎許子儒亦作註義不覩其書崇文館學士張嘉會獨善此書而無註義貞少從張學晚更研尋初以殘缺處多兼鄙褚少孫誣謬因憤發而補史記遂兼註之然其功殆半乃自唯曰千載古良史難更然因退撰音義重作贊述蓋欲以剖盤根之錯節遵北

轅於司南也凡爲三十卷號曰史記索隱云

史記正義序

諸王侍讀宣義郎守右清道
率府長史張　守節　上

史記者漢太史公司馬遷作遷生龍門耕牧河山之陽南遊江淮講學齊魯之郡紹太史繼春秋括文魯史而包左氏國語采世本戰國策而撫楚漢春秋貫紬經傳旁搜史子上起軒轅下曁天漢作十二本紀帝王興廢悉詳三十世家

君國存亡畢著八書贊陰陽禮樂十表定代系年封七十列傳忠臣孝子之誠備矣筆削冠於史籍題目足以經邦裴駰服其善序事理辯而不華質而不俚其文直其事核不虛美不隱惡故謂之實錄自劉向揚雄皆稱良史之才況墳典湮滅簡冊闕遺比之春秋言辭古質方之兩漢文省理幽　守節　涉學三十餘年六籍九流地里蒼雅銳心觀採評史

漢詮衆訓釋而作正義郡國城邑委曲申明古典幽微竊探其美索理允愜次舊書之旨兼音解注引致傍通凡成三十卷名曰史記正義發揮膏肓之辭思濟滄溟之海未敢侔諸秘府冀訓詁而齊流庶貽厥子孫世疇茲史于時歲次

丙子開元二十四年八月殺青斯竟

史記正義序

史記正義論例謚法解

諸王侍讀宣義郎守右清道率府長史張　守節　上

論史例

古者帝王右史記言左史記事言爲尚書事爲春秋太史公兼之故名曰史記幷採六家雜說以成一史備論君臣父子夫妻長幼之序天地山川國邑名號殊俗物類之品也太史公作史記起黄帝高陽高辛唐堯虞舜夏殷周秦訖于漢武帝天漢四年合二千四百一十三年作本紀十二象歲十二月也作表十象天之剛柔十

日以記封建世代終始也作書八象一歲八節以記天地日月山川禮樂也作世家三十象一月三十日三十輻共一轂以記世祿之家輔弼股肱之臣忠孝得失也作列傳七十象一行七十二日言七十者舉全數也餘二日象閏餘也以記王侯將相英賢略立功名於天下可序列也合百三十篇象一歲十二月及閏餘也而太史公作此五品廢一不可以統理天地勸獎箴誡爲後之楷模也

論注例

史記文與古文尚書同者則取孔安國注若與伏生尚書同者則用鄭玄王肅馬融所釋與三傳同者取杜元凱服虔何休賈逵范甯等注與三禮論語孝經同者則取鄭玄馬融王肅之注與韓詩同者則取毛傳鄭箋等釋與周易同者則依王氏之注與諸子諸史雜書及先儒解釋善者而裴駰並引爲注又徐中散作音訓校集諸本異同或義理可通者稱一本云又一本云自是別記異文裴氏亦引之爲注

論字例

史漢文字相承已久若悅字作說閑字作閒智字作知汝字作女早字作蚤後字作后既字作漑勑字作飭制字作剬此之般流緣古少字通共用之史漢本有此古字者乃爲好本程邈變篆爲隸楷則有常後代作文隨時改易衞宏官書數體呂忱或字多奇鍾王等家以能爲法致令楷文改變非復一端咸著秘書傳之歷代又字體乖日久其黼黻之字法從黹丁履反今之史本則有從耑音端秦本紀云天子賜孝公黼黻鄒誕生音甫弗而鄒氏之前史本已從耑矣如此

之類並即依行不可更改若其黿鼉從龜辭從舌覺學從與泰恭從小匱匠從走巢藻從果耕籍從禾席下為帶美下為大哀下為衣極下為點析旁著片惡上安西餐側出頭離邊作禹此之等類例直是訛字寵（勅勇反）字為錫（音陽）以支（章移反）代文（問分反）將无混無若茲之流便成兩失

論音例

史文與傳諸書同者劉氏並依舊本為音至如太史公改五帝本紀便章百姓便程東作便程南譌便程西成便在伏物咸依見字讀之太史變尚書文者義理特美或訓意改其古澀何煩如劉氏依尚書舊音斯例蓋多不可具錄著在正義隨文音之君子宜詳其理庶明太史公之達學也然則先儒音字比方為音至魏秘書孫炎始作反音又未甚切今並依孫反音以傳後學鄭康成云其始書之也倉卒無字或以音類比方假借為之趣於近之而已受之者非一邦之人其鄉同言異字同音異於茲遂生輕重訛謬矣然方言差別固自不同河北江南最為鉅異或失在浮清或帶於重濁今之取捨冀除茲弊

夫質有精麤謂之好惡並如字心有愛憎稱爲好惡並去聲當體則名譽音預情乖則曰毀譽音餘自壞乎怪反壞徹上音怪自斷徒緩反自去離也刀斷端管反以刀割令相去也耶也奢反未審之辭也也亦且反助句之語也復音伏又扶富反重也過古卧反越度也解核買反自散也間紀莧反隟也畜許又反畜許六反養也先蘇前反仙胥然反尤羽求反侯胡溝反治持並音直之反之止而反脂砥祗並音旨夷反惟維遺唯並音以位反怡貽頤詒並音與之反夷寅彝姨並音以脂反私息脂反綏雖睢荾並音息遺反偲司伺絲並音巨支反卮枝祗肢並音章移反祇岐並音巨支反其期旗棊踑並音渠之反祈頎蘄幾饑並音渠希反僖熙嬉嘻並音許其反希晞睎稀並音虛幾反霏妃菲騑並音芳非反飛非扉並音匪肥反尸屍著並音式脂反詩書之反巾居人反斤觔舉欣反篇偏並音芳連反穿詳連反里李裏並音良止反至贄並脂利反志之吏反利涖並力至反吏力置反寺嗣飼並辭吏反字牸並疾置反自疾二反置致躓鷙並陟利反器去冀反氣去既反亟去吏反冀穊几利反既居未反覆敷救反又敷福反副敷救反富鍑並府副反若斯清濁實亦難分博學碩材乃有甄異此例極廣不可具言庶後學士幸留意焉

音字例

文或相似音或有異一字單録乃恐致疑兩字連文撿尋稍易若音上字言上別之所音下字乃復書下有長句在文中須音則題其字

發字例

古書字少假借蓋多字或數音觀義點發皆依平上去入若發平聲每從寅起又一字三四音者同聲異喚一處共發恐難辯別故略舉四十二字如字初音者皆爲正字不須點發

畜許六反養也又許救反六畜也又他六反聚也 **從**訟容反隨也又縱容反南北長也又但容反又子勇反相勸也又從用反侍從也又足用反慫也 **數**色具反曆數述數也又色五反次第也又色角反頻也 **傳**逐戀反書傳也又逐全反相付也又張戀反驛也 **卒**子律反卒終也又蒼忽反急也尊忽反兵人也字體各別不辨故發之也 **辟**君也徵也又頻亦反罪也開也疋亦反邪也又疋跛反諭也又音避隱也又普覓反辟歷也 **施**書移反張也又式跛反與也又羊跛反延也 **間**紀閑反隟也又紀莧反間也又莧間反靜也 **射**蛇夜反射也又成亦反音石 **夏**胡馬反禹號也又胡嫁反春夏也又格雅反陽夏縣也 **復**符富反重也又音伏也又音福徐役之也 **重**直拱反尊也直龍反疊也又直用反累也 **適**聖石反寬也之也又丁歷反大也又張革反責也又音敵當也 **汜**音祀水在成皐又音凡邑名在襄城又孚劒反爲水在定陶高帝即位處也又音夷楚人呼土爲汜橋 **樂**音岳謂音樂也又音洛歡也又音五教反好也情願也 **覆**敷富反蓋也又敷福反再也 **恐**曲用反疑也又兵拱反懼也 **惡**烏各反麤也又烏路反憎也又音烏謂於何也 **斷**端管反有物割截也又段緩反自相分也又端亂反斷疑事也 **解**佳買反除結縛也又核買反散也又佳債反怠墯也又核詠反縫解 **幾**音機庶幾也又音祈近也又音記亦冀望字也又音紀録也 **過**光卧

反度也罪過也又音戈經過也度前也率所律反平倒也率伏也又音類也又音刷徐廣云率即斂也又音色
類反將帥也屈丘勿反曲也又君勿反姓也又羣勿反盡也強也上時讓反位也元在物之上又時
掌反自下而上王于方反人主也又于放反霸王也又盛也長直良反以也又張丈反長上也藉才昔
反名籍也又薦藉也又祖夜反即借也培勃回反補也又蒲內反板也勝音升又式證反難
乃丹反艱也乃旦反危也使所里反又所吏反相息羊反又息匠反沈針甚反又針禁反又
直今反又沈禁反厭沒也任入今反又入禁反棺音官又古玩反又古患反斂之也造曹早
反七到反至也妻七低反切帝反費非味反用也又音祕邑也扶味反姓也

謚法解

惟周公旦太公望開嗣王業建功于牧野終將葬乃制謚遂叙謚法謚者行之迹號者功之表古者有大功則賜之善號以為稱也車服者位之章也是以大行受大名細行受細名行出於己名生於人名謂號謚

民無能名神不名一善

一德不懈簡一不委曲

靖民則法皇靖安

平易不訾簡不信訾毀

德象天地帝同於天帝

尊賢貴義恭尊事賢人寵貴義士

仁義所往王民往歸之

敬事供上恭供奉也

立志及衆公志無私也
尊賢敬讓恭敬有德讓有功
執應八方侯所執行八方應之
既過能改恭言自知
賞慶刑威君能行四者
執事堅固恭守正不移
從之成羣君民從之
愛民長弟恭順長接弟
揚善賦簡聖所稱得人所善得實所賦得簡
執禮御賓恭迎待賓也

敬賓厚禮聖厚於禮
芘親之闕恭脩德以益之
照臨四方明以明照之
尊賢讓善恭不專己善推於人
譖訴不行明逆知之故不行
威儀悉備欽威則可畏儀則可象
經緯天地文成其道
大慮靜民定思樹惠
道德博聞文無不知
純行不爽定行一不傷

學勤好問文不恥下問
安民大慮定以慮安民
慈惠愛民文惠以成政
安民法古定不失舊意
愍民惠禮文惠而有禮
辟地有德襄取之以義
賜民爵位文與同升
甲胄有勞襄亟征伐
綏柔士民德安民以居安士以事
小心畏忌僖思所當畏忌
剛彊直理武剛無欲強不屈懷忠恕正曲直
質淵受諫釐深故能受
諫爭不威德不以威拒諫
有罰而還釐知難而退
威彊敵德武與有德者敵
溫柔賢善懿性純淑
克定禍亂武以兵往故能定
心能制義度制事得宜
刑民克服武法以正民能使服
聰明叡哲獻有通知之聰

夸志多窮武大志行兵多所窮極

知質有聖獻有所通而無蔽

安民立政成政以安定

五宗安之孝五世之宗

淵源流通康性無忌

慈惠愛親孝周愛族親

溫柔好樂康好豐年勤民事

秉德不回孝順於德而不違

安樂撫民康無四方之虞

協時肇享孝協合肇始

合民安樂康富而教之

執心克莊齊能自嚴

布德執義穆故穆穆

資輔就共齊資輔佐而共成

中情見貌穆性公露

甄心動懼頃甄精

容儀恭美昭有儀可象行恭可美

敏以敬慎頃疾於所慎敬

昭德有勞昭能勞謹

柔德安眾靖成眾使安

聖聞周達昭聖聖通合

恭己鮮言靖恭己正身少言而中

治而無眚平無災罪也

執事有制平不任意

寬樂令終靖性寬樂義以善自終

威德剛武圉禦亂患

布剛治紀平施之政事

彌年壽考胡久也

由義而濟景用義而成

保民耆艾胡六十曰耆七十曰艾

耆意大慮景耆強也

布義行剛景以剛行義

追補前過剛勤善以補過

清白守節貞行清白執志固

猛以剛果威猛則少寬果敢行

大慮克就貞能大慮非正而何

猛以彊果威強甚於剛

不隱無屈貞恒然無私

彊義執正威問正言無邪

辟土服遠桓以武正定

治典不殺祁　秉常不衰

克敬動民桓　敬以使之

大慮行節孝　言成其節

辟土兼國桓　兼人故啓土

治民克盡使　克盡無恩惠

能思辯衆元　別之使各有次

好和不爭安　生而少斷

行義說民元　民說其義

道德純一思　道大而德一

始建國都元　非善之長可以始之

大省兆民思　大親民而不殺

主義行德元　以義爲主行德故

外內思索思　言求善

聖善周聞宣　聞謂所聞善事也

追悔前過思　思而能改

兵甲亟作莊　以數征爲嚴

行見中外慤　表裏

叡圉克服莊　通邊圉使能服

狀古述今譽　立言之稱

勝敵志強莊　不撓故勝

昭功寧民商（明有功者）

死於原野莊（非嚴何以死難）

克殺秉政夷（秉政不任賢）

屢征殺伐莊（以嚴釐之）

安心好靜夷（不爽政）

武而不遂莊（武功不成）

執義揚善德（稱人之善）

柔質慈民惠（知其性）

慈仁短折懷（短未六十折未三十）

愛民好與惠（與謂施）

述義不克丁（不能成義）

夙夜警戒敬（敬身思戒）

有功安民烈（以武立功）

秉德尊業烈

合善典法敬（非敬何以善之）

剛克為伐翼（伐功也）

剛德克就肅（成其敬使為終）

思慮深遠翼（小心翼翼）

執心決斷肅（言嚴果）

外內貞復白（正而復終始一）

不生其國聲（生於外家）
不勤成名靈（任本性不見賢惠齊）
未家短折傷（未家未娶）
死而志成靈（志事不忝命）
愛民好治戴（好民治）
死見神能靈（有鬼不爲厲）
典禮不愆戴（無過）
亂而不損靈（不能以治損亂）
短折不成殤（有知而夭殤）
好祭鬼怪靈（瀆鬼神不致遠）
隱拂不成隱（不以隱括改其性）
極知鬼神靈（其智能聰徹）
不顯尸國隱（以閒主國）
見美堅長隱（美過其令）
殺戮無辜厲
官人應實知（能官人）
愎很遂過剌（去諫曰愎反是曰很）
肆行勞祀悼（放心勞於淫祀言不脩德）
不思忘愛剌（忘其愛己者）
年中早夭悼（年不稱志）

蚤孤短折哀早未知人事
恐懼從處悼從處言險圮
恭仁短折哀體恭質仁功未施
凶年無穀荒不務耕稼
好變動民躁數移徙
外內從亂荒家不治官不治
不悔前過戾知而不改
好樂怠政荒淫於聲樂怠於政事
怙威肆行醜肆意行威
在國遭憂愍仍多大喪

壅遏不通幽弱損不凌
在國逢難愍兵寇之事
蚤孤鋪位幽鋪位即位而卒
禍亂方作愍國無政動長亂
動祭亂常幽易神之班
使民悲傷愍苛政賊害
柔質受諫慧以虛受人
貞心大度匡心正而用察少
名實不爽質不傷言相應
德正應和莫正其德應其和

温良好樂良（言其人可好可樂）
施勤無私類（無私唯義所在）
慈和徧服順（能使人皆服其慈和）
思慮果遠明（自任多近於專）
博聞多能憲（雖多能不至於大道）
嗇於賜與愛（言貪恡）
滿志多窮惑（自足者必不惑）
危身奉上忠（險不辭難）
思慮不爽厚（不差所思而得）
克威捷行魏（有威而敏行）

好内遠禮煬（朋淫於家不奉禮）
克威惠禮魏（雖威不逆禮）
去禮遠衆煬（不率禮不親長）
教誨不倦長（以道教之）
内外賓服正（言以正服之）
肇敏行成直（始疾行成言不深）
彰義揜過堅（明義以葢前過）
疏遠繼位紹（非其弟過得之）
華言無實夸（恢誕）
好廉自克節（自勝其清欲）

逆天虐民抗（背尊大而逆之）

好更改舊易（變故改常）

名與實爽繆（言名美而實傷）

愛民在刑克（道之以政齊之以法）

擇善而從比（比方善而從之）

除殘去虐湯

隱哀也景武也施德爲文除惡爲武辟地爲襄服遠爲桓剛克爲僖施而不成爲宣惠無内德爲平亂而不損爲靈由義而濟爲景餘皆象也（以其所爲謚象其事行）和會也勤勞也尊脩也爽傷也肇始也怙恃也享祀也胡大也秉順也就會也錫與也典常也肆放也康虚也叡聖也惠愛也綏安也堅長也耆彊也考成也周至也懷思也式法也布施也敏疾也速也載事彌文以前周書謚法周代君王並取作謚故全寫一篇以傳後學

○漢書地理志云本秦京師爲内史（顔師古云京師天子所居畿内也秦并天下改立郡縣而京畿所統時號内史言其在内以别於諸郡守也百官表云内史周官秦因之掌治京師景帝二年分置左内史右内史武帝太初元年更名京兆尹左内史名馮翊王爵中尉秦官掌列侯景帝六年更名都尉武帝太初元年更名右扶風治内史與左馮翊京兆尹是爲三輔也）

秦地於天官東井輿鬼之分埜其界自弘農故

關以西京兆扶風馮翊北地上郡西河安定天水隴西南有巴蜀廣漢犍爲武都西有金城武威張掖酒泉敦煌又西南有牂牁越巂益州

魏地觜觿參之分埜其界自高陵以東盡河東河內南有陳留及汝南之召陵㶏彊新汲西華長平潁川之舞陽郾陵河南之開封中牟陽武酸棗卷卷去權反

周地柳七星張之分埜今之河南洛陽穀城平陰偃師鞏緱氏

韓地角亢氐之分埜韓分晉得南陽郡及潁川之父城定陵襄城潁陽潁陰長社陽翟郟東接汝南西接弘農得新安宜陽鄭今河南之新鄭及成臯滎陽潁川之崇高城陽

趙地昴畢之分埜趙分晉得趙國北有信都真定常山又得涿郡之高陽莫州鄉東有廣平鉅鹿清河河間又得勃海郡之東平舒中邑文安東州成平章武河以北也南至浮水繁陽內黃斥丘西有太原定襄雲中五原上黨

燕地尾箕之分埜召公封於燕後三十六世與六國俱稱王東有漁陽右北平遼西遼東西有

上谷代郡鴈門南有涿郡之易容城范陽北有
新成故安涿縣良鄉新昌及渤海之安次樂浪
玄菟亦宜屬焉

齊地虛危之分壄東有甾川東萊瑯耶高密膠
東南有泰山城陽北有千乘清河以南渤海之
高樂高城重合陽信西有濟南平原

魯地奎婁之分壄東至東海南有泗水至淮得
臨淮之下相睢陵僮取慮

宋地房心之分壄今之沛梁楚山陽濟陰東平
及東郡之須昌壽張今之睢陽

衞地營室東壁之分壄今之東郡及魏郡之黎
陽河內之野王朝歌

楚地翼軫之分壄今之南郡江夏零陵桂陽武
陵長沙及漢中汝南郡後陳魯屬焉

吴地斗牛之分壄今之會稽九江丹陽豫章廬
江廣陵六安臨淮郡

粵地牽牛婺女之分壄今之蒼梧鬱林合浦交阯
九眞南海日南

以前是戰國時諸國界域及相侵伐犬牙深入然亦不能委細故略記之用知大略

史記正義論例謚法解

史記目録

集解　宋中郎外兵曹參軍裴　駰
補史　唐朝散大夫國子博士弘文館學士
河内司馬　貞
索隱　唐朝散大夫國子博士弘文館學士
河内司馬　貞
正義　唐諸王侍讀宣義郎守右清道率
府長史張　守節

帝紀

年表

孔子

第十八卷　史記四十八

陳涉

第十九卷　史記四十九

外戚

第二十卷　史記五十

楚元王

第二十一卷　史記五十一

荆燕

第二十二卷　史記五十二

齊悼惠王

第二十三卷　史記五十三

蕭相國

第二十四卷　史記五十四

曹相國

第二十五卷　史記五十五

留侯

第二十六卷　史記五十六

列傳

白圭　猗頓
卓氏　程鄭
宛孔氏　師史
任氏

第七十卷　史記百三十
太史公自序
帝紀一十二卷
年表一十卷
八書八卷

世家三十卷
列傳七十卷

建安黄氏刻梓

三皇本紀

補史記　小司馬氏撰并注

小司馬氏云太史公作史記古今君臣宜應上自開闢下迄當代以爲一家之首尾今闕三皇而以五帝爲首者正以大戴禮有五帝德篇又帝世皆叙自黃帝已下故因以五帝本紀爲首其實三皇已還載籍罕備然君臣之始敎化之先既論古史不合全闕近代皇甫謐作帝王代紀徐整作三五曆皆論三皇已來事斯亦近古之一證今並採而集之作三皇本紀雖復淺近聊補闕云

太皞庖犧氏風姓代燧人氏繼天而王母曰華胥履大人迹於雷澤而生庖犧於成紀蛇身人首〔按伏犧風姓出國語其華胥已下出帝王世紀然雷澤澤名即舜所漁之地在濟陰成紀亦地名按天水有成紀縣〕有聖德仰則觀象於天俯則觀法於地旁觀鳥獸之文與地之宜近取諸身遠取諸物始畫八卦以通神明之德以類萬物之情造書契以代結繩之政於是始制嫁娶以儷皮爲禮〔按譙周古史考伏犧制嫁娶以儷皮爲禮也〕結網罟以敎佃漁故曰宓犧氏〔按事出漢書歷志宓音伏〕養犧牲以庖廚故曰庖犧有龍瑞以龍紀官號曰龍師作三十五弦之瑟木德王注春令故易稱帝出乎震月令孟春其帝太皞是也〔按位在東方象日之明故稱太皞皞明也〕都於陳東封太山立一十一年崩〔按皇甫謐伏犧葬南郡或曰冢在山陽高平之西也〕其後裔當春秋時有任宿須句顓臾皆風姓之胤也女媧氏亦風姓蛇身人首有神聖之德代宓犧立號曰女希氏無華

造惟作笙簧按禮明堂位及世本皆云女媧作簧故易不載不承五運一曰女媧亦木德王蓋宓犧之後已經數世金木輪環周而復始特舉女媧以其功高而充三皇故頻木王也當其末年也諸侯有共工氏任智刑以強霸而不王以水乘木乃與祝融戰不勝而怒乃頭觸不周山崩天柱折地維缺女媧乃鍊五色石以補天斷鼇足以立四極聚蘆灰以止滔水以濟冀州按其事出淮南子也於是地平天成不改舊物女媧氏沒神農氏作按三皇記者不同譙周以燧人為皇宋均以祝融為皇而鄭玄依春秋緯以女媧為皇承伏犧皇甫謐亦同今依之為說也

炎帝神農氏姜姓母曰女登有媧氏之女為少典妃感神龍而生炎帝人身牛首長於姜水因以為姓按國語炎帝黃帝皆少典之子其母又皆有媧氏之女據諸子及古史考炎帝之後凡八代五百餘年軒轅氏代之豈炎帝黃帝是昆弟而同母氏乎皇甫謐以為少典有媧氏諸侯國號然則姜姬二帝同出少典氏黃帝之母又是神農母氏之後代女所同是有媧氏之女也火德王故曰炎帝以火名官斲木為耜揉木為耒耒耨之用以教萬人始教耕故號神農氏於是作蜡祭以赭鞭鞭草木始嘗百草始有醫藥又作五弦之瑟教人日中為市交易而退各得其所遂重八卦為六十四爻初都陳後居曲阜按今淮陽有神農井又左傳魯有大庭氏之庫是也立一百二十年

崩葬長沙神農本起烈山故左氏稱烈山氏之子曰柱亦曰厲山氏禮曰厲山氏之有天下是也 按鄭玄云厲山神農所起亦曰有烈山皇甫謐曰厲山今隨之厲鄉也 神農納奔水氏之女曰聽詙爲妃生帝哀哀生帝克克生帝榆罔凡八代五百三十年而軒轅氏興焉 按神農之後凡八代事見帝王代紀及古史考然古典亡矣況譙皇二氏皆前聞君子考按古書而爲此說豈至今鑿空乎此紀亦據以爲說其易稱神農氏没即榆罔榆罔猶襲神農之號也 其後有州甫甘許戲露齊紀怡向申呂皆姜姓之後並爲諸侯或分四岳當周室甫侯申伯爲王賢相齊許列爲諸侯霸於中國蓋聖人德澤廣大故其祚胤繁昌久長

云一說三皇謂天皇地皇人皇爲三皇既是開闢之初君臣之始圖緯所載不可全弃故兼序之天地初立有天皇氏十二頭澹泊無所施爲而俗自化木德王歲起攝提兄弟十二人立各一萬八千歲 蓋天地初立神人首出行化故其年世長久也然言十二頭者非謂一人之身有十二頭蓋古質比之鳥獸頭數故也 地皇十一頭火德王姓十一人興於熊耳龍門等山亦各萬八千歲人皇九頭乘雲車駕六羽出谷口兄弟九人分長九州各立城邑凡一百五十世合四萬五千六百年 天皇已下皆出河圖及三五曆也 自人皇已後有五龍氏 五龍氏兄弟五人並乘龍上下故曰五龍

氏也燧人氏按其君鑽燧出火教人孰食在伏羲氏前譙周以爲三皇之首也大庭氏栢皇氏中央氏卷須氏栗陸氏驪連氏赫胥氏尊盧氏渾沌氏昊英氏有巢氏朱襄氏葛天氏陰康氏無懷氏斯葢三皇已來有天下者之號按皇甫謐以爲大庭已下一十五君皆襲庖犧之號事不經見難可依從然按古封太山者首有無懷氏乃在太昊之前豈得如謐所說但載籍不紀莫知姓王年代所都之處而韓詩以爲自古封太山禪梁甫者萬有餘家仲尼觀之不能盡識管子亦曰古封太山七十二家夷吾所識十有二焉首有無懷氏然則無懷之前天皇已後年紀悠邈皇王何昇而告但古

書云矣不可備論豈得謂無帝王耶故春秋緯稱自開闢至於獲麟凡三百二十七萬六千歲分爲十紀凡廿七萬六百年一曰九頭紀二曰五龍紀三曰攝提紀四曰合雒紀五曰連通紀六曰序命紀七曰循飛紀八曰回提紀九曰禪通紀十曰流訖紀葢流訖當黄帝時制九紀之間是以録於此補紀之也

史壹阡柒拾壹字

注柒伯單玖字

三皇本紀　　補史記

五帝本紀第一　史記一

裴駰曰凡是徐氏義稱徐姓名以別之餘者悉是駰註解并集衆家義。司馬貞索隱曰紀者記也本其事而記之故曰本紀又紀理也絲縷有紀而帝王書稱紀者言爲後代綱紀也。正義曰鄭玄注中候勑省圖云德合五帝坐星者稱帝又坤靈圖云德配天地在正不在私曰帝按太史公依世本大戴禮以黃帝顓頊帝嚳唐堯虞舜爲五帝譙周應劭宋均皆同而孔安國尚書序皇甫謐帝王世紀孫氏注世本並以伏犧神農黃帝爲三皇少昊顓頊高辛唐虞爲五帝裴松之史目云天子稱本紀諸侯曰世家本者繫其本系故曰本紀者理也統理衆事繫之年月名之曰紀第者次序之目一者舉數之由故曰五帝本紀第一。又曰禮云動則左史書之言則右史書之正義云左陽故記動右陰故記言言爲尚書事爲春秋按春秋時置左右史故云史記也

黃帝者 徐廣曰號有熊。索隱曰按有土德之瑞土色黃故稱黃帝猶神農火德王而稱炎帝然也此以黃

帝爲五帝之首蓋依大戴禮五帝德又譙周宋均亦以爲然而孔安國皇甫謐帝王代紀及孫氏註系本並以伏犧神農黃帝爲三皇少昊高陽高辛唐虞爲五帝註號有熊者以其本是有熊國君之子故也都軒轅之丘因以爲名又以爲號又據左傳亦號帝鴻氏也。正義曰輿地志云涿鹿本名彭城黃帝初都遷有熊也按黃帝有熊國君乃少典國君之次子號曰有熊氏又曰縉雲氏又曰帝鴻氏亦曰帝軒氏母曰附寶之祁野見大電繞北斗樞星感而懷孕二十四月而生黃帝於壽丘壽丘在魯東門之北今在兖州曲阜縣東北六里生日角龍顏有景雲之瑞以土德王故曰黃帝封泰山禪亭亭亭亭在年陰

少典之子 譙周曰有熊國君少典之子也皇甫謐曰有熊今河南新鄭是也。索隱曰少典者諸侯國號非人名也又按國語云少典娶有蟜氏女而生炎帝然則炎帝亦少典之子炎黃二帝雖則承帝王代紀中間凡隔八帝五百餘年若以少典是其父名豈黃帝經五百餘年而始代炎帝後爲天子乎何其年之長也又按秦本紀云顓頊氏之裔孫曰女脩吞玄鳥之卵而生大業大業娶少典氏而生柏翳明少典是國號非人名也黃帝即少典氏後代之子孫賈逵亦以左傳高陽氏有才子八人亦謂其後代子孫而稱爲子是也譙周字允南蜀人魏散騎常侍徵不

拜此註所引者是其人所著古史考之說也皇甫謐字士安晉人號玄晏先生今所引者是其所作帝王世紀也姓公孫名曰軒轅索隱曰按皇甫謐云黃帝生於壽丘長於姬水因以爲姓居軒轅之丘因以爲名又以爲號是本姓公孫長居姬水因改姓姬生而神靈弱而能言索隱曰弱謂幼弱時也蓋未合能言之時而黃帝即言所以爲神異也潘岳有哀弱子篇其子未七旬曰弱○正義曰言神異也易曰陰陽不測之謂神書云人惟萬物之靈故謂之神靈也幼而徇齊徐廣曰墨子曰年踰十五則聰明心慮無不徇通矣駰案徇疾齊速也言聖德幼而疾速也○索隱曰斯文未明今案徇齊皆德也書曰聰明齊聖左傳曰子雖齊聖齊謂聖德齊肅又按孔子家語及大戴禮並作叡齊一本作慧齊叡慧皆智也太史公採大戴禮而爲此紀今彼文無作徇者史記舊本亦有作濬齊蓋古字假借徇爲濬濬深也義亦並通爾雅齊速俱訓爲疾尚書大傳曰多聞而齊給鄭註云齊疾也今裴氏註云徇亦訓疾未見所出或當讀徇爲迅迅於爾雅與齊俱訓疾則迅濬雖異字而音同也又爾雅曰宣徇遍也濬通也是遍之與通義亦相近言黃帝幼而才智周徧且辯給也故墨子亦云年踰五十則聰明心慮不徇通矣俗本作十五非是按謂年老踰五十不聰明何得云十五長而敦敏成而聰明正義曰成謂年二十冠成人也聰明聞見明辯也此以上至軒轅皆大戴禮文軒轅之時神農氏世衰皇甫謐曰易稱庖犧氏沒神農氏作是爲炎帝班固曰教民耕農故號曰神農○索隱曰世衰謂神農氏後代子孫道德衰薄非指炎帝之身即班固所謂參盧皇甫謐所云帝榆罔是也○正義曰帝王世紀云神農氏姜姓也母曰任姒有蟜氏女登爲少典妃遊華陽有神龍首感生炎帝人身牛首長於姜水有聖德以火德王故號炎帝初都陳又徙魯又曰魁隗氏又曰連山氏又曰列山氏括地志云厲山在隨州隨縣北百里山東有石穴曰神農生於厲鄉所謂列山氏也春秋時爲厲國諸侯相侵伐暴虐百姓而神農氏弗能征於是軒轅乃習用干戈以征不享索隱曰謂用干戈以征諸侯之不朝享者本或作亭亭訓直以征諸侯之不直者諸侯咸來賓從而蚩尤最爲暴莫能伐應劭曰蚩尤古天子瓚曰孔子三朝記曰蚩尤庶人之貪者○索隱

曰按此紀云諸侯相侵伐蚩尤最爲暴則蚩尤非爲天子也
又管子曰蚩尤受盧山之金而作五兵明非庶人盖諸侯號
也劉向別録云孔子見魯哀公問政比三朝退而爲此記故
曰三朝凡七篇並入大戴禮今此文見用兵篇也。正義曰
龍魚河圖云黃帝攝政有蚩尤兄弟八十一人並獸身人語
銅鐵額食沙造五兵仗刀戟大弩威振天下誅殺無道萬民
欽命黃帝行天子事黃帝以仁義不能禁止蚩尤乃仰天而
歎天遣玄女下授黃帝兵符伏蚩尤後天下復擾亂黃帝遂
畫蚩尤形像以威天下天下咸謂蚩尤不死八方皆爲殄滅山海
經云黃帝令應龍攻蚩尤蚩尤請風伯雨師以從大風雨黃
帝乃下天女曰魃以止雨雨止遂殺
蚩尤孔安國曰九黎君號蚩尤是也**炎帝欲侵陵諸侯**
諸侯咸歸軒轅軒轅乃修德振兵正義曰振整也**治五**
氣王肅曰五行之氣。索隱曰謂春甲乙木氣夏丙丁火氣之屬是五氣也**藝五種**藝樹也詩云藝
之荏菽周禮曰穀宜五種鄭玄曰五種黍稷菽麥稻也。索
隱曰藝音藝藝種也樹也五種即五穀也音朱用反此註所
引見詩大雅生民之篇爾雅云荏菽戎也郭璞曰今之胡
豆鄭氏曰豆之大者是也。正義曰藝音魚曳反種音腫**撫**
萬民度四方王肅曰度四方而安撫之。正義曰度音徒洛反**教熊羆貔貅**
貙虎索隱曰書云如虎如貔爾雅云貔白狐禮曰前有摯獸則載貔貅是也爾雅又曰貙獌似貍此六者猛獸
可以教戰周禮有服不氏掌教擾猛獸即古服牛乘馬亦其
類也。正義曰熊音雄羆音碑貔音毗貅音休貙音丑于反
羆如熊黃白色郭璞云貔執夷虎屬也按言
教士卒習戰以猛獸之名名之用威敵也**以與炎帝戰**
於阪泉之野服虔曰阪泉地名皇甫謐曰在上谷。正義曰阪音白板反括地志云阪泉今名黃帝泉
在嬀州懷戎縣東五十六里出五里至涿鹿東北與涿水合
又有涿鹿故城在嬀州東南五十里本黃帝所都也晉太康
地理志云涿鹿城東一里有阪泉上有
黃帝祠按阪泉之野則平野之地也**三戰然後得其**
志正義曰謂黃帝克炎帝之後**蚩尤作亂不用帝命**正義曰言蚩尤不用黃帝
之命也**於是黃帝乃徵師諸侯與蚩尤戰於涿鹿**
之野服虔曰涿鹿山名在涿郡張晏曰涿鹿在上谷。索隱曰或作濁鹿古今字異耳按地理志上谷有涿鹿

縣然則服虔云在涿郡者誤也

遂禽殺蚩尤

皇覽曰蚩尤冢在東平郡壽張縣闞鄉城中高七丈民常十月祀之有赤氣出如匹絳帛民名為蚩尤旗肩髀冢在山陽郡鉅野縣重聚大小與闞冢等傳言黃帝與蚩尤戰於涿鹿之野黃帝殺之身體異處故別葬之。索隱曰按皇甫謐云黃帝使應龍殺蚩尤于凶黎之谷或曰黃帝斬蚩尤于中冀因名其地曰絕轡之野皇覽書名也記先代冢墓之處宜皇王之省覽故曰皇覽是魏人王象繆襲等所撰也

而諸侯咸尊軒轅為天子代神農氏是為黃帝天下有不順者黃帝從而征之平者去之

正義曰平服者即去也

披山通道

徐廣曰披他本亦作陂字蓋當為詖詖者旁其邊之謂也披語誠合今世然古今不必同也。索隱曰披音如字謂披山林草木而行以通道也徐廣音詖恐稍紆也

未嘗寧居東至于海登丸山

徐廣曰丸一作凡駰案地理志曰丸山在郎耶朱虛縣。索隱曰凡音扶嚴反。正義曰丸音桓括地志云丸山即丹山在青州臨朐縣界朱虛故縣西北二十里丹水出焉丸音紈守節括地志唯有凡山蓋凡山丸山是一山耳諸處字誤或丸或凡也漢書郊祀志云禪丸山顏師古云在朱虛亦與括地志相合明丸山是也

及岱宗

正義曰泰山東岳也在兗州博城縣西北三十里也

西至于空桐

應劭曰山名韋昭曰在隴右

登雞頭

索隱曰山名也後漢王孟塞雞頭道在隴西一曰崆峒山之別名。正義曰括地志云空桐山在肅州祿福縣東南六十里抱朴子內篇云黃帝西見中黃子受九品之方過空桐從廣成子受自然之經即此山括地志又云笄頭山一名崆峒山在原州平陽縣西百里禹貢涇水所出輿地志云或即雞頭山也酈元云蓋大隴山異名也莊子云廣成子學道崆峒山黃帝問道於廣成子蓋在此按二處崆峒皆云黃帝登之未詳孰是

南至于江登熊湘

封禪書曰南伐至于召陵登熊山地理志曰湘山在長沙益陽縣。正義曰括地志云熊耳山在商州洛縣西十里齊桓公登之以望江漢也湘山一名編山在岳州巴陵縣南十八里也

北逐葷粥

匈奴傳曰唐虞以上有山戎獫狁葷粥居于北蠻。索隱曰匈奴別名也唐虞已上曰山戎亦曰薰粥夏曰淳維殷曰鬼方周曰玁狁漢曰匈奴。正義曰葷音薰粥音育

合符釜山

索隱曰合諸侯符契

圭端而朝之於釜山猶禹會諸侯於塗山然也又按郭子橫洞冥記稱東方朔云東海大明之墟有釜山山出瑞雲應王者之符命如堯時有赤雲之祥之類盖黃帝黃雲之瑞故曰合符應於釜山也。正義曰括地志云釜山在嬀州懷戎縣北三里山上有舜廟

而邑于涿鹿之阿正義曰廣平曰阿涿鹿山名已見上涿鹿故城在山下即黃帝所都之邑於山下平地

遷徙往來無常處以師兵爲營衛正義曰環繞軍兵爲營以自衛若轅門即其遺象

官名皆以雲命爲雲師應劭曰黃帝受命有雲瑞故以雲紀事也春官爲青雲夏官爲縉雲秋官爲白雲冬官爲黑雲中官爲黃雲張晏曰黃帝有景雲之應因以名師與官

置左右大監監于萬國正義曰監上監去聲下監平聲若周邵分陜也

萬國和而鬼神山川封禪與爲多焉徐廣曰多一作朋。索隱曰與音羊汝反與猶許也言萬國和同而鬼神山川封禪祭祀之事自古以來帝皇之中推許黃帝以爲多多多猶大也

獲寶鼎迎日推策晉灼曰策數也迎數之也瓚曰日月朔望未來而推之故曰迎日。索隱曰封禪書曰黃帝得寶鼎神策下云於是推策迎日則神策者神蓍也黃帝得蓍以推筭歷數於是逆知節氣日辰之將來故曰推策迎日也。正義曰筴音策迎逆也黃帝受神筴大撓造甲子容成造曆是也

舉風后力牧常先大鴻鄭玄曰風后黃帝三公也班固曰力牧黃帝相也。正義曰舉任用四人皆帝臣也帝王世紀云黃帝夢大風吹天下之塵垢皆去又夢人執千鈞之弩驅羊萬羣帝寤而嘆曰風爲號令執政者也垢去土后在也天下豈有姓風名后者哉夫千鈞之弩異力者也驅羊數萬羣能牧民爲善者也天下豈有姓力名牧者也於是依二占而求之得風后於海隅登以爲相得力牧於大澤進以爲將黃帝因著占夢經十一卷藝文志云風后兵法十三篇圖三卷孤虛二十卷力牧兵法十五篇鄭玄云風后黃帝之三公也按黃帝仰天地置列侯衆官以風后配上台天老配中台五聖配下台謂之三公也封禪書云鬼臾區號大鴻黃帝大臣也死葬雍故鴻冢是藝文志云鬼容區兵法三篇也

以治民順天地之紀正義曰言黃帝順天地陰陽四時之紀也

幽明之占正義曰幽陰明陽也占數也言陰陽五行黃帝占數而知之此文見大戴禮

死生

之說徐廣曰一云幽明之數合死生之說。正義曰說謂儀制也民之生死此謂作儀制禮則之說存亡
之難索隱曰存亡猶安危也易曰危者安其位亡者保其存是也難猶說也凡事是非未盡假以往來之詞則
曰難又上文有死生之說故此云存亡之難所以韓非著書有說林說難也。正義曰難音乃憚反存亡猶生死也黃帝
之前未有衣裳屋宇及黃帝造屋宇制衣服營殯葬萬民故免存亡之難時播百穀草木王肅
曰時是也。索隱曰爲一句。正義曰言順四時之所置而布種百穀草木也淳化鳥獸蟲蛾
索隱曰爲一句蛾音牛綺反一作豸豸言淳化廣被及之。正義曰蛾音魚起反又音豸豸音直氏反蟻蚍蜉也爾雅曰
有足曰虫無足曰豸旁羅日月星辰水波土石金玉徐廣曰波一作
沃。索隱曰旁非一方羅廣布也今按大戴禮作歷離離即羅也言帝德旁羅日月星辰水波及至土石金玉謂日月揚
光海水不波山不藏珍皆是帝德廣被也。正義曰旁羅猶遍布也日月陰陽時節也星二十八宿也辰日月所會也水
波瀾漪也言天不異災土無別害水少波浪山出珍寶勞勤心力耳目節用水火

材物正義曰節時節也水陂障決洩也火山野禁放也材木也物事也言黃帝教民江湖陂澤山林原隰皆收
採禁捕以時用之有節令得其利也大戴禮云宰我問於孔子曰予聞榮伊曰黃帝三百年請問黃帝者人耶何以至三
百年孔子曰勞勤心力耳目節用水火材物生而民得其利百年死而民畏其神百年亡而民用其教百年故曰三百年
也有土德之瑞故號黃帝索隱曰炎帝火黃帝土代之即黃龍地螾見是也螾
土精大五六圍長十餘丈螾音引。正義曰螾音以刃反黃帝二十五子其得姓者
十四人索隱曰舊解破四爲三言得姓十三人耳今按國語胥臣云黃帝之子二十五宗其得姓者十四人
爲十二姓姬酉祁己滕葴任荀僖姞嬛依是也唯青陽與夷鼓同己姓又云青陽與蒼林爲姬姓上則十四人爲十二姓
其文甚明唯姬姓再稱青陽與蒼林蓋國語文誤所以致令前儒共疑其姬姓青陽當爲玄囂是帝嚳祖本與黃帝同姬
姓其國語上文青陽即是少昊金天氏爲己姓者耳既理在不疑無煩破四爲三。正義曰僖音力其反姞其吉反嬛音
在宣反黃帝居軒轅之丘皇甫謐曰受國於有熊居軒轅之丘故因以爲名又以爲號山

海經曰在窮山之際西射之南張晏曰作軒冕之服故謂之軒轅**而娶於西陵之女**正義曰西陵國名也**是爲嫘祖**徐廣曰祖一作俎嫘力追反。索隱曰一曰雷祖音力堆反。正義曰一作傫**嫘祖爲黃帝正妃**索隱曰按黃帝立四妃象后妃四星皇甫謐云元妃西陵氏女曰累祖生昌意次妃方雷氏女曰女節生青陽次妃彤魚氏女生夷鼓一名蒼林次妃嫫母班在三人之下按國語夷鼓蒼林是二人又按漢書古今人表彤魚氏生夷鼓嫫母生蒼林不得如謐所說**生二子其後皆有天下其一曰玄囂是爲青陽**太史公曰據大戴禮以累祖生昌意及玄囂玄囂即青陽也皇甫謐以青陽爲少昊乃方雷氏所生是其所見異也。索隱曰玄囂帝嚳之祖按皇甫謐及宋衷皆云玄囂青陽即少昊也今此紀下云玄囂不得在帝位則太史公意青陽非少昊明矣而此又云玄囂是爲青陽當是誤也謂二人皆黃帝子並列其名所以前史因誤以玄囂青陽爲一人耳宋衷又云玄囂青陽是爲少昊繼黃帝立者而史不敘蓋少昊金德王非五運之次故敘五帝不數之也**青陽降居江水**正義曰括地志云安陽故城在豫州新息縣西南八十里應劭云古江國也地理志亦云安陽古江國也**其二曰昌意降居若水**索隱曰降下也言帝子爲諸侯降居江水若水皆在蜀即所封國也水經曰水出旄牛徼外東南至故關爲若水南過邛都又東北至朱提縣爲盧江水是蜀有此二水也**昌意娶蜀山氏女曰昌僕生高陽高陽有聖德焉**正義曰華陽國志及十三州志云蜀之先肇於人皇之際黃帝爲子昌意娶蜀山氏後子孫因封焉帝顓頊高陽氏黃帝之孫昌意之子母曰昌僕亦謂之女樞河圖云瑤光如蜺貫月正白感女樞於幽房之宮生顓頊首戴干戈有德文也**黃帝崩**皇甫謐曰在位百年而崩年百一十一歲。索隱曰按大戴禮宰我問孔子曰榮伊言黃帝三百年請問黃帝何人也抑非人也何以至三百年乎對曰生而人得其利百年死而人畏其神百年亡而人用其教百年則士安之說略可憑矣。正義曰列仙傳云軒轅自擇亡日與羣臣辭還葬橋山山崩棺空唯有劒舄在棺焉**葬橋山**皇覽曰皇帝冢在上郡橋山。索隱曰地理志橋山在上郡同陽縣山有黃帝冢也。正義曰括地志云黃帝陵在寧州羅川縣東八十里子午山地理

志云上郡陽周縣橋山南有黃帝冢按陽周隋改爲羅川爾雅云山銳而高曰橋也其孫昌意之子高陽立是爲帝顓頊也

帝顓頊高陽者皇甫謐曰都帝丘今東郡濮陽是也。索隱曰宋衷云顓頊名高陽有天下號也張晏曰高陽者所興地名也黃帝之孫而昌意之子也靜淵以有謀疏通而知事養材以任地索隱曰言能養材物以任地大戴禮作養財載時以象天索隱曰載行也言行四時以象天大戴禮作履時以象天履亦踐而行也依鬼神以制義索隱曰鬼神聰明正直當盡心敬事因制尊卑之義故禮曰降于祖廟之謂仁義是也。正義曰鬼之靈者曰神也鬼神謂山川之神也能興雲致雨潤養萬物也故已依馮之制義也制古制字治氣以教化索隱曰謂理四時五行之氣以教化萬人也絜誠以祭祀北至于幽陵正義曰幽州也南至于交趾正義曰趾音止交州也西至于流

沙地理志曰流沙在張掖居延縣。正義曰濟渡也括地志云居延海南甘州張掖縣東北千六十四里是東至于蟠木海外經曰東海中有山焉名曰度索上有大桃樹屈蟠三千里東北有門名曰鬼門萬鬼所聚也天帝使神人守之一名鬱壘主閱領萬鬼若害人之鬼以葦索縳之射以桃弧投虎食也動靜之物正義曰動物謂鳥獸之類靜物謂草木之類小大之神正義曰大謂五嶽四瀆小謂丘陵墳衍日月所照莫不砥屬王肅曰砥平也四遠皆平而來服屬。索隱曰依王肅音止屬據大戴禮作砥礪也

帝顓頊生子曰窮蟬索隱曰系本作窮係宋衷云一云窮係謚也。正義曰帝舜之高祖也顓頊崩皇甫謐曰在位七十八年年九十八皇覽曰顓頊冢在東郡濮陽頓丘城門外廣陽里中頓丘者城門名頓丘道。索隱曰皇甫謐云據左氏歲在鶉火而崩葬東郡又山海經曰顓頊葬鮒魚山之陽九嬪葬其陰也而玄囂之孫高辛立是爲帝嚳

帝嚳高辛者張晏曰少昊之前天下之號象其德顓頊以來天下之號因其名高陽高辛皆所興

之地名顓頊與嚳皆以字爲號上古質故也。索隱曰宋衷曰高辛地名因以爲號嚳名也皇甫謐云帝嚳名夋也。正義曰帝王紀云告母無聞焉

黃帝之曾孫也高辛父曰蟜極正義曰蟜音居兆反本作橋音同又巨遙反帝堯之祖也蟜極父曰玄囂玄囂父曰黃帝自玄囂與蟜極皆不得在位至高辛即帝位皇甫謐曰都亳今河南偃師是高辛於顓頊爲族子高辛生而神靈自言其名正義曰帝王紀云帝俈高辛姬姓也其母生見其神異自言其名曰夋齠齔有德年十五而佐顓頊三十登位都亳以人事紀官也普施利物不於其身聰以知遠明以察微順天之義知民之急仁而威惠而信脩身而天下服取地之財而節用之撫敎萬民而利誨之曆日月而迎送之正義曰言作曆弦望晦朔日月

未至而迎之過而送之上迎日推策是也明鬼神而敬事之正義曰天神曰神人神曰鬼又云聖人之精氣謂之神賢人之精氣謂之鬼言明識鬼神而敬事也其色郁郁其德嶷嶷索隱曰郁郁猶穆穆也嶷嶷德高也今案大戴禮郁作神嶷作俟其動也時其服也士索隱曰舉動應天時衣服服士服言其公且廉也帝嚳溉執中而徧天下徐廣曰古既字作水旁偏字一作尹。索隱曰即尚書允執厥中是也。正義曰溉音既言帝俈治民若水之溉灌平等而執中正遍於天下也日月所照風雨所至莫不從服正義曰以上大戴文也帝嚳娶陳鋒氏女正義曰鋒音峯又作豐帝王紀云帝俈有四妃卜其子皆有天下元妃有邰氏女曰姜嫄生后稷次妃有娀氏女曰簡狄生卨次妃陳豐氏女曰慶都生放勛次妃娵訾氏女曰常儀生帝摯也生放勛正義曰放音方往反勳亦作勛音許云反言堯能放上代之功故曰放勛謚堯姓伊祁氏帝紀云帝堯陶唐氏祁姓也母慶都十四月生堯娶娵訾氏女生摯索隱曰案皇甫謐云女名

常宜也。正義曰娵足須反訾紫移反帝嚳崩皇甫謐曰在位七十年年百五歲皇覽曰帝嚳冢在東郡
濮陽頓丘城南臺陰野中而摯代立帝摯立不善崩索隱曰古本作不著音張
慮反俗本作不善不善謂微弱不著猶不著明衛宏云摯立九年而唐侯德盛因禪位焉。正義曰帝王紀云帝摯之母
於四人中班最在下而摯於兄弟最長得登帝位封異母弟放勛為唐侯摯在位九年政微弱而唐侯德盛諸侯歸之摯
服其義乃率羣臣造唐而致禪唐侯自知有天命乃受帝禪乃封摯於高辛今定州唐縣也而弟放勳
立是為帝堯
帝堯者謚法曰翼善傳聖曰堯。索隱曰堯謚也放勳名帝嚳之子姓伊祁氏案皇甫謐云堯初生時其母
在三阿之南寄於伊長孺之家故從母所居為姓也。正義曰徐廣云號陶唐帝王紀云堯都平陽於詩為唐國徐才宗
國都城記云唐國帝堯之裔子所封其北帝夏禹都漢曰太原郡在古冀州太行恒山之西其南有晉水括地志云今晉
州所理平陽故城是也平陽河水一名晉水也放勳徐廣曰號陶唐皇甫謐曰堯以甲申歲生甲辰即帝位甲

午徵舜甲寅舜代行天子事辛巳崩年百十八在位九十八年其仁如天索隱曰如天之涵養也其
知如神索隱曰如神之微妙也就之如日索隱曰如日之照臨人咸依就之若葵藿傾心
以向日也望之如雲索隱曰如雲之覆渥言德化廣大而浸潤生人人咸仰望之故曰如百穀之仰膏雨
也富而不驕貴而不舒索隱曰舒猶慢也大戴禮作不豫黃收純
衣徐廣曰純一作絃駰案太古冠冕圖云夏名冕曰收禮記曰野夫黃冠鄭玄曰純衣士之祭服。索隱曰收冕名其
色黃故曰黃收象古質素也純讀曰緇彤車乘白馬能明馴德徐廣曰馴古訓
字。索隱曰史記馴字徐廣皆讀曰訓訓順也言聖德能順人也案尚書作俊德孔安國云能明用俊德之士與此文意
別也以親九族九族既睦便章百姓徐廣曰下云便程東作然則訓平為
便也駰案尚書並作平字孔安國曰百姓百官鄭玄曰百姓羣臣之父子兄弟。索隱曰古文尚書作平此文蓋讀平為
蒲耕反平既訓便因作便章其今文作辯章古平字亦作便音婢緣反便則訓辯遂為辯章鄒誕生本亦同也百姓

昭明合和萬國乃命羲和孔安國曰重黎之後羲氏和氏世掌天地之官○正義曰呂刑傳云重即羲黎即和雖別爲氏族而出自重黎也按聖人不獨治必須賢輔乃命相天地之官若周禮天官卿地官卿也敬順昊天正義曰敬猶恭勤也元氣昊然廣大故云昊天釋天云春爲蒼天夏爲昊天秋爲旻天冬爲上天而獨言昊天者以堯能敬天大故以昊大言之數法日月星辰正義曰曆數之法日之甲乙月之大小昏明遞中之星日月所會之辰定其天數以爲一歲之曆敬授民時索隱曰尚書作曆象日月則此言數法是訓曆象二字謂命羲和以曆數之法觀察日月星辰之早晚以敬授人時也○正義曰尚書考靈耀云主春者張昏中可以種稷主夏者火昏中可以種黍菽主秋者虛昏中可以種麥主冬者昴昏中可以收斂也天子視四星之中知民緩急故云敬授民時也分命羲仲居郁夷曰暘谷尚書作嵎夷孔安國曰東表之地稱嵎夷日出於暘谷羲仲治東方之官○索隱曰史記舊本作湯谷今並依尚書字案淮南子曰日出湯谷浴於咸池則湯谷亦有他證明矣又下曰昧谷徐廣云一作柳柳亦日入處地名太史公博採經記

而爲此史廣記異聞不必皆依尚書葢郁夷亦地之別名也○正義曰郁音隅陽或作暘禹貢青州云嵎夷既略按嵎夷青州也堯命羲仲理東方青州嵎夷之地日所出處名曰陽明之谷羲仲主東方之官若周禮春官敬道日出便程東作孔安國曰敬道出日平均次序東作之事以務農也○索隱曰劉伯莊傳皆依古史作平秩音然尚書大傳曰辯秩東作則是訓秩爲程言便課其作程者也○正義曰道音導便程並如字後同導訓也三春主東故言日出耕作在春故言東作命羲仲恭勤道訓萬民東作之事使有程期日中星鳥以殷中春孔安國曰日中謂春分之日也鳥南方朱鳥七宿也殷正也春分之昏鳥星畢見以正仲春之氣節轉以推孟季則可知也○正義曰下中音仲夏秋冬並同其民析鳥獸字微孔安國曰春事既起丁壯就功言其民老壯分析也乳化曰字尚書微作尾字說文云尾交接也申命羲叔居南交孔安國曰夏與春交此治南方之官也○索隱曰孔註未是然則冬與秋交何故下無其文且東嵎夷西昧谷北幽都三方皆言地而夏獨不言地乃云與春交斯不例之甚也然南方地有名交阯者或古文略舉一字名地南交則是交

卟不疑也。正義曰羲叔主南方官若周禮夏官卿也**便程南譌敬致**孔安國曰譌化也平序分南方化育之事敬行其教以致其功也。索隱曰爲依字讀春言東作夏言南爲皆是耕作營爲勸農之事孔安國強讀爲訛字雖則訓化解釋亦甚紆回也。正義曰爲音于僞反命羲叔宜恭勤民事致其種殖使有程期也**日永星火以正中夏**孔安國曰永長也謂夏至之日火蒼龍之中星舉中則七星見可知也以正中夏之節馬融王肅謂日長晝漏六十刻鄭玄曰五十五刻**其民因鳥獸希革**孔安國曰因謂老弱因就在田之丁壯以助農也夏時鳥獸毛羽希少改易也革改也**申命和仲居西土**徐廣曰一無土字以爲西者今天水之西縣也駰案鄭玄曰西者隴西之西今人謂之兌山**曰昧谷**徐廣曰一作柳谷駰案孔安國曰日入于谷而天下冥故曰昧谷此居治西方之官掌秋天之政也。正義曰和仲主西方之官若周禮秋官卿也**敬道日入便程西成**孔安國曰秋西方萬物成也**夜中星虛以正中秋**孔安國曰春言日秋言夜互相備也虛玄武之中星亦言七星皆以秋分日見

以正三秋也。索隱曰虛舊依字讀而鄒誕生音墟案虛星主墳墓鄒氏頗得其理**其民夷易鳥獸毛毨**孔安國曰夷平也老壯者在田與夏平也毨理也毛更生曰毨理**申命和叔居北方曰幽都**孔安國曰北稱幽都謂所聚也。索隱曰案山海經曰北海之內有山名幽都蓋是也。正義曰按北方幽州陰聚之也命和叔居理之北方之官若周禮冬官卿**便在伏物**索隱曰使和叔察北方藏伏之物謂人畜積聚等冬皆藏伏尸子亦曰北方者伏方也尚書作平在朔易今案大傳云便在伏物太史公據之而書**日短星昴以正中冬**孔安國曰日短冬至之日也昴白虎之中星亦以七星竝見以正冬節也馬融王肅謂日短晝漏四十刻鄭玄曰四十五刻非**其民燠鳥獸氄毛**徐廣曰氄音茸駰案孔安國曰民入室處鳥獸皆生氄毳細毛以自溫也**歲三百六十六日以閏月正四時**索隱曰夫周天三百六十五度四分度之一是天度數也而日行遲一歲一周天月行疾一月一周天日一日行一度月一日行十三度十九分度之七至二十九日半彊月行天一匝又逐及日而與會一年十

二會是爲十二月每月二十九日過半年分出小月六是每歲餘六日又大歲三百六十六日小歲三百六十五日舉全數云六十六日其實一歲唯餘十一日弱未滿三歲已成一月則置閏若三年不置閏則正月爲二月九年差三月則以春爲夏十七年差六月則四時皆反以此四時不正歲不成矣故傳曰歸餘於終事則不悖是也

信飭徐廣曰古勑字

百官衆功皆興堯曰誰可順此事正義曰言將登用之嗣位也

放齊曰嗣子丹朱開明孔安國曰放齊臣名。正義曰放音方往反鄭玄云帝堯胤嗣之子名曰丹朱開明也按開解而達也帝王紀云堯娶散宜氏女曰女皇生丹朱汲冢紀年云后稷放帝子丹朱范汪荆州記云丹水縣在丹川堯子朱之所封也括地志云丹朱故城在鄧州内鄉縣西南百三十里丹朱故爲縣

堯曰吁頑凶不用孔安國曰吁疑怪之辭。正義曰左傳云口不道忠信之言爲嚚心不則德義之經爲頑凶訟也言丹朱心既頑嚚又好爭訟不可用之

堯又曰誰可者讙兜曰共工旁聚布功可用孔安國曰讙兜臣名鄭玄曰共工水官名。正義曰兜音斗侯反

堯曰共工善言其用僻似恭漫天不可正義曰漫音莫干反共工善爲言語用意邪僻也似於恭敬罪惡漫天不可用也

堯又曰嗟四嶽鄭玄曰四嶽四時官主方嶽之事。正義曰嗟嘆鴻水問四嶽誰能理也孔安國云四嶽即上羲和四子也分掌四嶽之諸侯故稱焉

湯湯洪水滔天浩浩懷山襄陵孔安國曰懷包襄上也。正義曰湯音商今讀如字湯蕩廣平之貌言水奔突有所滌除地上之物爲水漂流蕩蕩然按懷藏包裹之義故懷爲包釋言以襄爲駕駕乘牛馬皆在上也言水襄上乘陵浩浩盛大勢若漫天

下民其憂有能使治者皆曰鯀可馬融曰鯀臣名禹父

堯曰鯀負命毀族不可正義曰負音佩依字通負違也族類也鯀性很戾違負教命毀敗善類不可用也詩云貪人敗類也

嶽曰异哉試不可用而已正義曰异音異孔安國云异已也退也言餘人盡已唯鯀可試無成乃退

堯於是聽嶽用鯀九歲功用不成正義曰爾雅釋天云載歲

也夏曰祀周曰年唐虞曰載李巡云各自紀事不相襲也孫炎云歲取星行一次也祀取四時祭祀一訖也年取年穀一孰也載取萬物始更終也載者年之別名故以載爲年也按功用不成水害不息故放退也至明年得舜乃殛之羽山而用其子禹也

堯曰嗟四嶽朕在位七十載汝能庸命踐朕位鄭玄曰言汝諸侯之中有能順事用天命者入處我位統治天子之事者乎。正義曰孔安國云堯年十六以唐侯升爲天子在位七十載時八十六老將求代也嶽應曰鄙德忝帝位正義曰四嶽皆云鄙俚無德若便行天子事是辱帝位言已等不堪也堯曰悉舉貴戚及疏遠隱匿者衆皆言於堯曰有矜在民閒曰虞舜孔安國曰無妻曰矜。正義曰矜古頑反堯曰然朕聞之其何如嶽曰盲者子父頑母嚚弟傲能和以孝烝烝治不至姦正義曰烝之升反進也言父頑母嚚弟傲舜皆和以孝進之於善不至於姦惡也堯曰吾其試哉

正義曰欲以二女試舜觀其理家之道也於是堯妻之二女正義曰妻音七計反二女娥皇女英也娥皇無子女英生商均舜升天子娥皇爲后女英爲妃觀其德於二女正義曰視其爲德行於二女以理家而觀國也舜飭下二女於嬀汭孔安國曰舜所居嬀水之汭。索隱曰列女傳云二女長曰娥皇次曰女英系本作女瑩大戴禮作女匽皇甫謐云嬀水在河東虞縣歷山西汭水涯也猶洛汭渭汭然也。正義曰飭音勑下音胡亞反汭音芮舜能整齊二女以義理下二女之心於嬀汭使行婦道於虞氏也括地志云嬀源汭水出蒲州河東南山許愼云水涯曰汭按地記云河東郡青山東山中有二泉下南流者嬀水北流者汭水二水異泉合流出谷西注河嬀水北曰汭也又云河東縣二里故蒲坂城舜所都也城中有舜廟城外有舜宅入二妃壇如婦禮堯善之乃使舜愼和五典鄭玄曰五典五敎也蓋試以司徒之職五典能從乃徧入百官百官時序賓於四門四門穆穆諸侯遠方賓客皆敬馬融曰四門四方之門諸侯羣臣朝

者舜賓迎之皆有美德也　堯使舜入山林川澤暴風雷雨舜行不迷　索隱曰尚書云納于大麓穀梁傳云林屬於山曰麓是山足曰麓故此以爲入山林不迷孔氏以麓訓録言今舜大録萬機之政與此不同　堯以爲聖召舜曰女謀事至而言可績三年矣　鄭玄曰三年者賓四門之後三年也　女登帝位舜讓於德不懌　徐廣曰音亦今文尚書作不怡怡懌也。索隱曰古文作不嗣今文作不怡怡即懌也謂辭讓於德不堪所以心意不恱懌也俗本作澤誤爾亦當爲懌　正月上日　馬融曰上日朔日也。正義曰鄭玄云帝王易代莫不改正建朔舜正建子此時未改故依堯正月上日也　舜受終於文祖文祖者堯大祖也　鄭玄曰文祖者五府之大名猶周之明堂。索隱曰尚書帝命驗曰五府五帝之廟蒼曰靈府赤曰文祖黃曰祖計白曰顯紀黑曰玄矩唐虞謂之五府夏謂世室殷謂重屋周謂明堂皆祀五帝之所也。正義曰舜受堯終帝之事於文祖也尚書帝命驗云帝者承天立府以尊天重象也五府者黃曰神斗注云唐虞謂

之天府夏謂之正室殷謂之重室周謂之明堂皆祀五帝之所也文祖者赤帝熛怒之府名曰文祖火精光明文章之祖故謂之文祖周曰明堂神斗者黃帝含樞紐之府名曰神斗斗主也土精澄靜四行之主故謂之神斗周曰太室顯紀者白帝招拒之府名顯紀紀法也金精斷割萬物故謂之顯紀周曰總章玄矩者黑帝光紀之府名曰玄矩矩法也水精玄昧能權輕重故謂之玄矩周曰玄堂靈府者蒼帝靈威仰之府名曰靈府周曰青陽　於是帝堯老命舜攝行天子之政以觀天命舜乃在璿璣玉衡以齊七政　鄭玄曰璿璣玉衡渾天儀也七政日月五星也。正義曰說文云璿赤玉也按舜雖受堯命猶不自安更以璿璣玉衡以正天文璣爲運轉衡爲橫簫運璣使動於下以衡望之是王者正天文器也觀其齊與不齊今七政齊則已受禪爲是蔡邕云玉衡長八尺孔徑一寸下端望之以視星宿並縣璣以象天而以衡望之轉璣窺衡以知星宿璣徑八尺圓周二尺五寸而強也鄭玄云運轉者爲璣持正者爲衡尚書大傳云政者齊中也謂春秋冬夏天文地理人道所以爲政也道正而萬事順成故天道政之大也　遂類於上帝　鄭玄曰禮祭上帝於

圓丘。正義曰五經異義云非時祭天謂之類言以事類告也時舜告攝非常祭也王制云天子將出類于上帝鄭玄云昊天上帝謂天皇大帝北辰之星**禋于六宗**鄭玄曰六宗星辰司中司命風師雨師也駰案六宗義衆矣禹謂鄭說爲長。正義曰周語云精意以享曰禋也孫炎云禋絜敬之祭也按星五星緯也辰日月所會十二次也司中司命文昌第五第四星也風師箕星也雨師畢星也孔安國云四時寒暑也日月星也水旱也禮祭法云埋少牢於大昭祭時也禳祈於坎壇祭寒暑也王宮祭日也夜明祭月也幽禜祭星雩禜祭水旱也司馬彪續漢書云安帝立六宗祀於洛陽城西北亥地禮比大社魏因之至晉初荀顗言新祀以六宗之神諸家說不同乃廢之也**望于山川**正義曰望者遥望而祭山川也山川五嶽四瀆也爾雅云梁山晉望也**辯於羣神**徐廣曰辯音班駰案鄭玄曰羣神若丘陵墳衍。正義曰辯音遍謂祭羣神也**揖五瑞擇吉月日見四嶽諸牧班瑞**馬融曰揖斂也五瑞公侯伯子男所執以爲瑞信也堯將禪舜使羣牧斂之使舜親往班之。正義曰揖音集周禮典瑞云王執鎮圭尺二寸公執桓圭九寸侯執信圭七寸伯執躬圭五寸子執

穀璧男執蒲璧皆五寸言五瑞者王不在中也孔文祥云宋末會稽修禹廟於廟庭山土中得五等圭璧百餘枚形與周禮同皆短小此即禹會諸侯於會稽執以禮山神而埋之其璧今猶有在也**歲二月東巡狩至於岱宗柴**馬融曰舜受終後五年之二月鄭玄曰建卯之月也柴祭東嶽者考績柴燎也。正義曰按既班瑞羣后即東巡者守土之諸侯會岱宗之嶽焚柴告至也王者巡狩以諸侯自專一國威福任己恐其壅遏上命澤不下流故巡行問人疾苦也風俗通云太山之尊者一曰岱宗岱始也宗長也萬物之始陰陽交代故爲五岳之長也按二月仲月也仲中也言得其中也**望秩於山川**正義曰乃以秩望祭東方諸侯境内之名山大川也言秩者五岳視三公四瀆視諸侯**遂見東方君長合時月正日**鄭玄曰協正四時之月數及日名備有失誤。正義曰既見東方君長乃合同四時氣節月之大小日之甲乙使齊一也周禮太史掌正歲年以序事頒正朔於邦國則節氣晦朔皆天子頒之猶恐諸侯國異或不齊同因巡狩合正之**同律度量衡**鄭玄曰同陰律度丈尺量斗斛衡斤兩也。正義曰律之十二律度之丈尺量之斗斛衡之斤兩皆

使天下相同無制度長短輕重異也漢律志云虞書云同律度量衡所以齊遠近立民信也律有十二陽六爲律陰六爲呂律以統氣類物一曰黃鍾二曰太蔟三曰姑洗四曰蕤賓五曰夷則六曰無射呂以旅陽宣氣一曰林鍾二曰南呂三曰應鍾四曰大呂五曰夾鍾六曰中呂度者分寸尺丈引也所以度長短也本起黃鍾之管長以子穀秬黍中者一黍爲一分十分爲一寸十寸爲尺十尺爲丈十丈爲引而五度審矣量者龠合升斗斛也所以量多少也本起黃鍾之龠以子穀秬黍中者千有二百實爲一龠十龠爲合十合爲升十升爲斗十斗爲斛而五量嘉矣衡權者銖兩斤鈞石也所以秤物輕重也本起於黃鍾之一龠容千二百黍重十二銖二十四銖爲兩十六兩爲斤三十斤爲鈞四鈞爲石而五權謹矣衡平也權重也**脩五禮**馬融曰吉凶賓軍嘉也。正義曰周禮以吉禮事邦國之鬼神祇以凶禮哀邦國之憂以賓禮親邦國以軍禮同邦國以嘉禮親萬民也尚書堯典云類于上帝吉禮也如喪考妣凶禮也羣后四朝賓禮也大禹謨云徂征軍禮也堯典云女于時嘉禮也女音女慮反**五玉**鄭玄曰即五瑞也執之曰瑞陳列曰玉**三帛**馬融曰三孤所執也鄭玄曰帛所以薦玉也必三者高陽氏後用赤繒高辛氏後用黑繒其餘諸侯皆用白繒。正義曰孔安國云諸侯世子執纁公之孤執玄附庸之君執黃也按三統紀推伏羲爲天統色尚赤神農爲地統色尚黑黃帝爲人統色尚白少昊黃帝子亦尚白故高陽氏又天統亦尚赤堯爲人統故用白**二生**正義曰羔鴈也鄭玄注周禮太宗伯云羔小羊也取其羣不失其類也鴈取其候時而行也卿執羔大夫執鴈按羔鴈性馴可生爲贄**一死**正義曰雉也馬融云一死雉士所執也按不可生爲贄故死雉取其守介死不失節也**爲摯**馬融曰贄二生羔鴈卿大夫所執一死雉士所執。正義曰摯音至贄執也鄭玄云贄之言至所以自致也韋昭云贄六贄皮帛卿執羔大夫執鴈士執雉庶人執鹿工商執雞也**如五器卒乃復**馬融曰五器上五玉五玉禮終則還之三帛已下不還也。正義卒音子律反復音伏**五月南巡狩八月西巡狩十一月北巡狩皆如初歸至于祖禰廟**正義曰禰音乃禮反何休云生曰父死曰考廟曰禰**用特牛禮五歲一巡狩羣后四朝**鄭玄曰巡狩之年諸侯見於方嶽之下其間四年四方諸侯分來朝於京師也**徧告以言**

正義曰徧音遍言徧告天子治理之言也明試以功車服以庸正義曰孔安國云功成則錫車服以表顯其能用也肇十有二州決川馬融曰禹平水土置九州舜以冀州之北廣大分置并州燕齊遼遠分燕置幽州分齊爲營州於是爲十二州也鄭玄曰更爲之定界濬水害也象以典刑馬融曰言咎繇制五常之刑無犯之者但有其象無其人也○正義曰孔安國云象法也法用常刑用不越法也流宥五刑馬融曰流放宥寬也一曰幼少二曰老耄三曰蠢愚五刑墨劓剕宮大辟○正義曰孔安國云以流放之法寬五刑也鄭玄云三宥一曰弗識二曰過失三曰遺忘也鞭作官刑馬融曰爲辨治官事者爲刑扑作教刑鄭玄曰扑檟楚也扑爲教官爲刑者金作贖刑馬融曰金黄金也意善功惡使出金贖罪坐不戒愼者眚裁過赦鄭玄曰眚裁爲人作患害者也過失雖有害則赦之怙終徐廣曰一作衆賊刑鄭玄曰怙其姦邪終身以爲殘賊則用刑之欽哉欽哉惟刑之静哉徐廣曰今文云惟刑之謐哉爾雅曰謐静也○索隱曰案古文作恤哉且今文是伏生口

誦卹謐聲近遂作謐也驩兜進言共工正義曰驩兜渾沌也共工窮奇也鯀檮杌也三苗饕餮也左傳云舜臣堯流四凶投諸四裔以禦魑魅也堯曰不可而試之工師正義曰工師若今大匠卿也共工果淫辟正義疋亦反四嶽舉鯀治鴻水堯以爲不可嶽彊請試之試之而無功故百姓不便三苗馬融曰國名也○正義曰左傳云自古諸侯不用王命虞有三苗夏有觀扈孔安國云縉雲氏之後爲諸侯號饕餮也吳起云三苗之國左洞庭而右彭蠡按洞庭湖名在岳州巴陵西南一里南與青草湖連彭蠡湖名在江州潯陽縣東南五十二里以天子在北故洞庭在西爲左彭蠡在東爲右今江州鄂州岳州三苗之地也在江淮荊州正義曰淮讀曰匯音胡罪反今彭蠡湖也本屬荊州尚書云南入于江東匯澤爲彭蠡是也數爲亂於是舜歸而言於帝請流共工于幽陵馬融曰北裔也○正義曰尚書及大戴禮皆作幽州括地志云故龔城在檀州燕樂縣界故老傳云舜流共工幽州

居此城神異經云西北荒有人焉人面朱髮蛇身人手足而食五穀禽獸頑愚名曰共工**以變北狄**徐廣曰變一作燮。索隱曰變謂變其形及衣服同於夷狄也徐廣云作燮燮和也。正義曰言四凶流四裔各於四夷放共工等為中國之風俗也**放驩兜於崇山**馬融曰南裔也。正義曰神異經云南方荒中有人焉人面鳥喙而有翼手足扶翼而行食海中魚為人很惡不畏風雨獸犯死乃休名曰讙兜也**以變南蠻遷三苗於三危**馬融曰西裔也。正義曰括地志云三危山有峯故曰三危俗亦名卑羽山在沙州敦煌縣東南三十里神異經云西荒中有人焉面目手足皆人形而胳下有翼不能飛為人饕餮淫逸無理名曰苗民又山海經云大荒北經黑水之北有人有翼名曰苗民也**以變西戎殛鯀於羽山**馬融曰殛誅也羽山東裔也。正義曰殛音紀力反孔安國云殛竄放流皆誅也括地志云羽山在沂州臨沂縣界神異經云東方有人焉人形而身多毛自解水土知通塞為人自用欲為欲息皆云是鯀也**以變東夷四辠而天下咸服堯立七十年得舜二十年而**

老令舜攝行天子之政薦之於天堯辟位凡二十八年而崩徐廣曰堯在位凡九十八年。駰案皇覽曰堯冢在濟陰城陽。劉向曰堯葬濟陰丘壠山呂氏春秋曰堯葬穀林皇甫謐曰穀林即城陽堯都平陽於詩為唐國。正義曰皇甫謐云堯即位九十八年通舜攝二十八年也凡年百一十七歲孔安國云堯壽百一十六歲括地志云堯陵在濮州雷澤縣西三里郭生述征記云城陽縣東有堯冢亦曰堯陵有碑是也括地志云雷澤縣本漢郕陽縣也**百姓悲哀如喪父母三年四方莫舉樂**正義曰尚書三載四海遏密八音是也**以思堯堯知子丹朱之不肖**索隱曰鄭玄曰肖似也不似言不如人也皇甫謐云堯娶散宜氏之女曰女皇生丹朱又有庶子九人皆不肖也**不足授天下於是乃權授舜**索隱曰父子繼立常道也求賢而禪權道也權者反常而合道。正義曰五帝官天下老則禪賢故權試舜也**授舜則天下得其利而丹朱病授丹朱則天下病而丹朱得**

其利堯曰終不以天下之病而利一人而卒授
舜以天下堯崩三年之喪畢舜讓辟丹朱於南
河之南劉熙曰南河九河之最在南者。正義曰括地志云故堯城在濮州鄄城縣東北十五里竹書云昔
堯德衰為舜所囚也又有偃朱故城在縣西北十五里竹書云舜囚堯復偃塞丹朱使不與父相見也按濮州北臨漯大
川也河在堯都之南故曰南河禹貢至于南河是也其偃朱城所居即舜讓避丹朱於河南之南處也諸侯
朝覲者不之丹朱而之舜獄訟者不之丹朱而
之舜謳歌者不謳歌丹朱而謳歌舜舜曰天也
夫而後之中國踐天子位焉劉熙曰天子之位不可曠年於是遂反格于文
祖而當帝位帝王所都為中故曰中國是為帝舜
虞舜者謚法曰仁聖盛明曰舜。索隱曰虞國名在河東太陽縣舜謚也皇甫謐云舜字都君也。正義曰

括地志云故虞城在陝州河北縣東北五十里虞山之上酈元注水經云幹橋東北有虞城堯以女嬪于虞之地也又宋
州虞城大襄國所封之邑杜預云舜後諸侯也又越州餘姚縣顧野王云舜後支庶所封之地舜姚姓故云餘姚縣西七
十里有漢上虞故縣會稽舊記云舜上虞人去虞三十里有姚丘即舜所生也周處風土記云舜東夷之人生姚丘括地
志又云姚墟在濮州雷澤縣東十三里孝經援神契云舜生於姚墟按二所未詳也名曰重華徐廣
曰皇甫謐云舜以堯之二十一年甲子生三十一年甲午徵用七十九年壬午即眞百歲癸卯崩。正義曰尚書云重華
叶於帝孔安國云華謂文德也言其光又重合於堯瞽叟姓嬀妻曰握登見大虹意感而生舜於姚墟故姓姚目重童子
故曰重華字都君龍顏大口黑色身長六尺一寸重華父曰瞽叟正義曰先后反孔安國云
無目曰瞽舜父有目不能分別好惡故時人謂之瞽配字曰叟叟無目之稱也瞽叟父曰橋牛
正義曰橋又音嬌橋牛父曰句望正義句古侯反望音亡句望父曰敬
康敬康父曰窮蟬窮蟬父曰帝顓頊顓頊父曰

昌意以至舜七世矣自從窮蟬以至帝舜皆微爲庶人舜父瞽叟盲而舜母死 索隱曰皇甫謐云舜母名握登生舜於姚墟因姓姚氏也 瞽叟更娶妻而生象象傲瞽叟愛後妻子常欲殺舜舜避逃及有小過則受罪順事父及後母與弟日以篤謹匪有懈舜冀州之人也 正義曰蒲州河東縣本屬冀州宋永初山川記云蒲坂城中有舜廟城外有舜宅及二妃壇括地志云媯州有媯水源出城中耆舊傳云即舜釐降二女於媯汭之所外城中有舜井城北有歷山山上有舜廟未詳按媯州亦冀州城是也

舜耕歷山 鄭玄曰在河東。正義曰括地志云蒲州河東縣雷首山一名中條山亦名歷山亦名首陽山亦名蒲山亦名襄山亦名甘棗山亦名猪山亦名狗頭山亦名薄山亦名吴山此山西起雷首山東至吴坂凡十二名隨州縣分之歷山南有舜井又云越州餘姚縣有歷山舜井濮州雷澤縣有歷山舜井二所又有姚墟云生舜處也及媯州歷山舜井皆云舜所耕處未詳也

漁雷澤 鄭玄曰雷夏兖州澤今屬濟陰。正義曰括地志云雷夏澤在濮州雷澤縣郭外西北山海經云雷澤有雷神龍首人頰鼓其腹則雷也 陶河濱 皇甫謐曰濟陰定陶西南陶丘亭是也。正義曰按於曹州濱河作瓦器也括地志云陶城在蒲州河東縣北三十里即舜所都也南去歷山不遠或陶所在則可何必定陶方得爲舜陶之陶也斯或一焉 作什器於壽丘 皇甫謐曰在魯東門之北。索隱曰什器什數也蓋人家常用之器非一故以十爲數猶今云什物也壽丘地名黄帝生處。正義曰壽音受顔師古云軍法伍人爲伍二伍爲什則共器物故爲生生之具爲什器亦猶從軍及作役者十人爲火共畜調度也 就時於負夏 鄭玄曰負夏衛地。索隱曰就時猶逐時若言乘時射利也尚書大傳曰販於頓丘就時負夏孟子曰遷於負夏是也

舜父瞽叟頑母嚚弟象傲皆欲殺舜舜順適不失子道兄弟孝慈欲殺不可得即求嘗在側舜年二十以孝聞三十而帝堯問

可用者〔正義曰可用謂可爲天子也〕四嶽咸薦虞舜曰可於是堯乃以二女妻舜以觀其內使九男與處以觀其外舜居嬀汭內行彌謹堯二女不敢以貴驕事舜親戚〔正義曰二女不敢以帝女驕慢舜之親戚親戚謂父瞽叟後母弟象妹顆手等也顆音古果反〕甚有婦道堯九男皆益篤〔正義曰篤惇也非唯二女恭勤婦道九男事舜皆益惇厚謹敬也〕舜耕歷山歷山之人皆讓畔〔正義曰韓子歷山之農相侵略舜往耕朞年耕者讓畔也〕漁雷澤雷澤上人皆讓居陶河濱河濱器皆不苦窳〔史記音隱曰音游甫反䆉謂窳病也。正義曰苦讀如盬音古盬麤也窳音庾〕一年而所居成聚〔正義曰聚在喻反聚謂村落也〕二年成邑三年成都〔正義曰周禮郊野法云九夫爲井四井爲邑四邑爲丘四丘爲甸四甸爲縣四縣爲都也〕堯乃賜舜絺衣〔正義曰絺勑遲反細葛布衣也鄒氏音竹几反〕與琴爲築倉廩予牛羊瞽叟尚復欲殺之使舜上塗廩瞽叟從下縱火焚廩舜乃以兩笠自扞而下去得不死〔索隱曰言以笠自扞已身有似鳥張翅而輕下得不損傷皇甫謐云兩繖繖笠類列女傳云二女教舜鳥工上廩是也。正義曰通史云瞽叟使舜滌廩舜告堯二女女曰時其焚汝鵲汝衣裳鳥工往舜既登廩得免去也〕後瞽叟又使舜穿井舜穿井爲匿空旁出〔劉熙曰舜以權謀自免亦大聖有神人之助也。索隱曰空音孔列女傳所謂龍工入井是也。正義曰言舜潛匿穿孔旁從他井而出也通史云舜穿井又告二女二女曰去汝裳衣龍工往入井瞽叟與象下土實井舜從他井出去也括地志云舜井在嬀州懷戎縣西外城中其西又有一井耆舊傳云並舜井也舜自中出帝王紀云河東有舜井未詳也〕舜既入深瞽叟與象共下土實井〔索隱曰亦作塡井〕舜從匿空出去瞽叟象喜以舜爲已死象曰本謀者象象與其父母分正義扶問反於是曰舜妻堯二女與琴象取之牛羊倉廩予父母象乃止舜宮居正義曰宮即室也爾雅云室謂之宮禮云命士已上父子異宮也鼓其琴舜往見之象鄂不懌曰我思舜正鬱陶舜曰然爾其庶矣索隱曰言汝猶當庶幾於友悌之情義也如孟子取尚書文又云惟茲臣庶汝其于予治蓋欲令象共我理臣庶也舜復事瞽叟愛弟彌謹於是堯乃試舜五典百官皆治昔高陽氏有才子八人名見左傳世得其利謂之八愷賈逵曰愷和也。索隱曰左傳史克對季文子曰昔高陽氏有才子八人蒼舒隤敳檮戭大臨尨降庭堅仲容叔達高辛氏有才子八人名見左傳世謂之八元賈逵曰元善也。索隱曰左傳高辛

氏有才子八人伯奮仲堪叔獻季仲伯虎仲熊叔豹季貍此十六族者世濟其美索隱曰謂元愷各有親族故稱族也濟成也言後代成前代也不隕其名至於堯堯未能舉舜舉八愷使主后土王肅曰君治九土之宜杜預曰后土地也。索隱曰禹爲司空司空主土則禹在八愷之中。正義曰春秋正義云后君也天曰皇天地曰后土以揆百事莫不時序正義曰言禹度九土之宜無不以時得其次序也舉八元使布五教于四方索隱曰契爲司徒司徒敷五教則契在八元之數父義母慈兄友弟恭子孝內平外成正義曰杜預云內諸夏外夷狄也按契作五常之教諸夏太平夷狄向化也昔帝鴻氏有不才子賈逵曰帝鴻黃帝也不才子其苗裔讙兜也掩義隱賊好行凶慝天下謂之渾沌正義曰慝惡也一本云天下之民謂之渾沌渾沌即讙兜也言掩義事陰爲賊害而好凶惡故謂之渾沌也杜預云渾沌不開通之皃神異經

云崑崙西有獸焉其狀如犬長毛四足似羆而無爪有目而不見行不開有兩耳而不聞有人知往有腹無五臟有腹直短食徑過人有德行而往抵角有凶惡而行依憑之名渾沌又莊子云南海之帝爲儵忽中央之帝爲渾沌儵忽時相遇於渾沌之地渾沌待之甚善儵與忽謀欲報渾沌之德曰人皆有七竅以視聽食息此獨無有嘗試鑿之日鑿一竅七日而渾沌死按言讙兜性似故號之也**少暤氏**服虔曰金天氏帝號**有不才子毀信惡忠崇飾惡言天下謂之窮奇**服虔曰謂共工氏也其行窮而好奇。正義曰謂共工言毀敗信行惡其忠直有惡言語高粉飾之故謂之窮奇按常行終必窮極好諂諛奇異於人也神異經云西北有獸其狀似虎有翼能飛便剿食人知人言語聞人鬭輒食直者聞人忠信輒食其鼻聞人惡逆不善輒殺獸往饋之名曰窮奇按言共工性似故號之也**顓頊氏有不才子不可教訓不知話言天下謂之檮杌**賈逵曰檮杌頑凶無疇匹之貌謂鯀也。正義曰檮音道刀反杌音五骨反謂鯀也凶頑不可教訓不從詔令故謂之檮杌按言無疇匹言自縱恣也神異經云西方荒中有

獸焉其狀如虎而大毛長二尺人面虎足猪口牙尾長一丈八尺攪亂荒中名檮杌一名傲很一名難訓按言鯀性似故號之也**此三族世憂之至于堯堯未能去縉雲氏**賈逵曰縉雲氏姜姓也炎帝之苗裔當黃帝時在縉雲之官也。正義曰今括州縉雲縣蓋其所封也書云縉赤繒也**有不才子**正義曰此以上四劇皆左傳文或本有竝文次相類四凶故書之恐本錯脫耳謂三苗也言貪飲食冒貨賄故謂之饕餮神異經云西南有人焉身多毛上頭戴豕性很惡好息積財而不用善奪人穀物強者畏羣而單名號饕餮言三苗性似故號之**貪於飲食冒于貨賄天下謂之饕餮天下惡之比之三凶**杜預曰非帝子孫故別之以比三凶也**舜賓於四門**正義曰杜預云闢四門達四聰以賓衆賢之也**乃流四凶族遷于四裔**賈逵曰四裔之地去王城四千里**以御螭魅**服虔曰螭魅人面獸身四足好惑人山林異氣所生以爲人害。正義曰御音魚呂反螭音丑知反魅音媚按御螭魅恐更有邪諂之人故流放四凶以禦之也故下云無凶

人也於是四門辟言毋凶人也舜入于大麓烈風雷雨不迷堯乃知舜之足授天下堯老使舜攝行天子政巡狩舜得舉用事二十年而堯使攝政攝政八年而堯崩三年喪畢讓丹朱天下歸舜而禹皋陶契后稷伯夷夔龍垂益彭祖索隱曰彭祖即陸終氏之第三子籛鏗之後後為大彭亦稱彭祖。正義曰高姚二音皐陶字庭堅英六二國是其後也契音薛欳之祖也伯夷齊太公之祖也夔巨龜反樂官也垂音垂亦作垂內言之官也益伯翳也即秦趙之祖彭祖自堯時舉用歷夏殷封於大彭自堯時而皆舉用未有分職正義曰分音符問反如字分謂封壇爵土也於是舜乃至於文祖謀于四嶽辟四門明通四方耳目命十二牧論帝德行厚德遠佞人正義曰舜命十二牧論帝堯之德又勤之於民遠離邪佞之人言能如此則夷狄亦服從也則蠻夷率服舜謂四嶽曰有能奮庸馬融曰奮明庸功也美堯之事者使居官相事皆曰伯禹為司空可美帝功舜曰嗟然禹汝平水土維是勉哉禹拜稽首讓於稷契與皋陶舜曰然往矣鄭玄曰然其舉得其人汝往居此官不聽其所讓也舜曰棄黎民始飢徐廣曰今文尚書作祖飢祖始也。索隱曰古文作阻飢孔氏以為阻難也祖阻聲相近未知誰得汝后稷播時百穀鄭玄曰時讀曰蒔。正義曰稷農官也播時謂順四時而種百穀舜曰契百姓不親五品不馴鄭玄曰五品父母兄弟子也王肅曰五品即五常也。正義馴音訓汝為司徒而敬敷五教在寬馬融曰五品之教舜曰皋陶蠻夷猾夏鄭玄曰猾夏侵亂中國也寇賊姦軌鄭玄曰由內爲姦起外爲軌。正義亦作宄汝作士馬融曰獄官之長。正義曰按若大理卿也五刑有服正義曰孔安國云服從也言輕重之中正也按墨點鑿其額涅以墨劓截鼻也剕刖足也宮淫刑也男子割勢婦人幽閉也大辟死刑也五服三就馬融曰五刑墨劓剕宮大辟三就謂大罪陳諸原野次罪於市朝同族適甸師氏既服五刑當就三處五流有度正義曰度音徒洛反尚書作宅孔安國云五刑之流各有所居也五度三居正義曰按謂度其遠近爲三等之居也維明能信馬融曰謂在八議君不忍刑宥之以遠五等之差亦有三等之居大罪投四裔次九州之外次中國之外當明其罪能使信服之舜曰誰能馴予工馬融曰謂主百工之官也皆曰垂可於是以垂爲共工馬融曰爲司空共理百工之事舜曰誰能馴予上下馬融曰上謂原下謂隰草木鳥獸皆曰益可於是以益爲朕虞馬融曰虞掌山澤之官名益拜稽首讓于諸臣

朱虎熊羆索隱曰即高辛氏之子伯虎仲熊也。正義曰孔安國云朱虎熊羆二臣也垂益所讓四人皆在元凱之中也舜曰往矣汝諧遂以朱虎熊羆爲佐正義曰爲益之佐也舜曰嗟四嶽有能典朕三禮馬融曰三禮天神地祇人鬼之禮也鄭玄曰天事地事人事之禮也皆曰伯夷可舜曰嗟伯夷以汝爲秩宗鄭玄曰主次秩尊卑。正義曰若太常也漢書百官表云王莽太常曰秩宗依古也孔安國云秩序宗尊也主郊廟之官也夙夜維敬直哉維靜絜正義曰靜清也絜明也孔安國云職典禮施政教使正直而清明伯夷讓夔龍舜曰然正義曰孔安國云然其推賢不許其讓也以夔爲典樂教穉子鄭玄曰國子也案尚書作胄子孔安國曰穉胄聲相近。正義曰穉胄雉一反孔安國云胄長子謂元子以下至卿大夫子弟也歌詩蹈之舞之教長國子中和祗庸孝友直而溫馬融曰正直而色溫和寬而栗馬融曰寬大而謹敬戰栗也剛而無

虞簡而無傲正義曰孔安國云剛失之虐簡失之傲教之以防其失也詩言意歌長言馬融曰歌所以長言詩之意也○正義曰孔安國云詩言志以路其心歌詠其義以長其言也聲依永律和聲鄭玄曰聲之曲折又依長言聲中律乃爲和也○正義曰孔安國云聲五聲宮商角徵羽也律謂六律六吕十二月之音氣也當依聲律和樂也八音能諧毋相奪倫神人以和鄭玄曰祖考來格羣后德讓其一隅也○正義曰八音金石絲竹匏土革木也孔安國云倫理也八音能諧理不錯奪則神人咸和命夔使勉也夔曰於予擊石拊石百獸率舞鄭玄曰百獸服不氏所養者也率舞言音和也○正義曰於音烏孔安國云石磬音之清者拊亦擊也舉清者和則其餘皆從矣樂感百獸使相率而舞則神人和可知也按磬一片黑石也下音福尤反周禮云夏官有服不氏掌服猛獸下士一人徒四人鄭玄云不服之獸也舜曰龍朕畏忌讒說殄僞振驚朕衆徐廣曰一云齊說殄行振驚衆駰案鄭玄曰所謂色取仁而行違是驚動我之衆臣使之疑惑○正

義曰僞音危腄反言畏惡利口讒說之人兼殄絕姦僞人黨恐其驚動我衆使龍遏絕之出入其命惟信實也此僞字太史公變尚書文也尚書僞字作行音下孟反言言畏忌有利口讒說之人殄絕無德行之官也命汝爲納言夙夜出入朕命惟信正義曰孔安國云納言喉舌之官也聽下言納於上受上言宣於下必信也舜曰嗟女二十有二人馬融曰稷契皐陶皆居官久有成功但述而美之無所復勑禹及垂已下皆初命凡六人與上十二牧四嶽凡二十二人鄭玄曰皆格于文祖時所勑命也敬哉惟時相天事正義曰相視也舜命二十二人各敬行其職惟在順時視天所宜而行事也三歲一考功三考絀陟遠近衆功咸興分北三苗鄭玄曰所竄三苗爲西裔諸侯者猶爲惡乃復分析流之此二十二人咸成厥功皐陶爲大理平正義曰皐陶作士正平天下罪惡也民各伏得其實伯夷主禮上下咸讓垂主工師正義曰工匠若今大匠卿也百

工致功益主虞山澤辟正義曰婢亦反開也棄主稷百穀
時茂契主司徒百姓親和龍主賓客遠人至十
二牧行而九州莫敢辟違正義曰禹九州之民無敢辟違舜十二牧也唯
禹之功爲大披九山正義曰披音皮義反謂傍其山邊以通通九澤決
九河定九州各以其職來貢不失厥宜方五千
里至于荒服南撫交阯北發索隱曰一句西戎析枝渠
廋氏羌索隱曰一句北山戎發息愼鄭玄曰息愼或謂之肅愼東北夷東
長鳥夷索隱曰此言帝舜之德皆撫及四方夷人故先以撫字揔之北發當云北戶南方有地名北戶又案漢書北發是北方國名今以北發爲南方之國誤也此文省略四夷之名錯亂西戎上少一西字山戎下少一北字長字下少一夷字長夷也鳥夷也其意宜然今案大戴禮亦云長夷則長是夷號又云鮮支渠搜則鮮支當此析枝也鮮析音

相近鄒氏劉氏云息並音肅非也且夷狄之名古書不必皆同今讀如字也○正義曰注鳥或作島括地志云百濟國西南海中有大島十五所皆置邑有人居屬百濟又倭國西南大海中島居凡百餘小國在京南萬三千五百里按武后改倭國爲日本國四海之內正義曰爾雅云九夷八狄七戎六蠻謂之四海咸戴帝舜之
功於是禹乃興九招之樂索隱曰招音韶即舜樂簫韶九成故曰九招致
異物鳳皇來翔天下明德皆自虞帝始舜年二
十以孝聞年三十堯舉之年五十攝行天子事
年五十八堯崩年六十一代堯踐帝位皇甫謐曰舜所都或言蒲阪或言平陽或言潘潘今上谷也○正義曰括地志云平陽今晉州城是也潘今嬀州城是也蒲坂今蒲州南二里河東縣界蒲坂故城是也踐帝位三十九年南巡狩崩於蒼梧
之野葬於江南九疑是爲零陵皇覽曰舜冢在零陵營浦縣其山九

谿皆相似故曰九疑傳曰舜葬蒼梧象為之耕禮記曰舜葬蒼梧二妃不從山海經曰蒼梧山帝舜葬于陽丹朱葬於陰
皇甫謐曰或曰二妃葬衡山舜之踐帝位載天子旗往朝父瞽
叟夔夔唯謹徐廣曰和敬貌如子道封弟象為諸侯孟子
曰封之有痺音鼻。正義曰帝王紀云舜弟象封於有鼻括地志云鼻亭神在道縣北六十里故老傳云舜葬九疑象來
至此後人立祠名為鼻亭神輿地志云零陵郡應陽縣東有山山有象廟王隱晉書云此大泉陵縣北部東五里有鼻墟
象所封也舜子商均亦不肖皇甫謐曰娥皇無子女英生商均。正義曰譙周云以虞封舜
子今宋州虞城縣括地志云虞國舜後所封邑也或云封舜子均於商故號商均也舜乃豫薦禹
於天索隱曰謂告天使之攝位也十七年而崩三年喪畢禹亦
乃讓舜子正義曰括地志云禹居洛州陽城者避商均非時久居也如舜讓堯子
諸侯歸之然後禹踐天子位堯子丹朱舜子商

均皆有疆土譙周曰以唐封堯之子以虞封舜之子。索隱曰漢書律曆志云封堯子朱於丹淵為諸
侯商均封虞在梁國今虞城縣也。正義曰括地志云定州唐縣堯後所封宋州虞城縣舜後所封也以奉
先祀服其服禮樂如之以客見天子正義曰為天子之賓客也
天子弗臣示不敢專也自黃帝至舜禹皆同姓
而異其國號以章明德徐廣曰外傳曰黃帝二十五子其得姓者十四人虞翻云
以德為氏姓又虞說以九有二十五人其二人同姓姬又十一人為十一姓酉祁已滕蔵任荀釐姞嬛衣是也餘十二姓
德薄不紀錄故黃帝為有熊帝顓頊為高陽帝嚳為
高辛帝堯為陶唐韋昭曰陶唐皆國名猶湯稱殷商矣張晏曰堯為唐侯國於中山唐
縣是也帝舜為有虞皇甫謐曰舜嬪于虞因以為氏今河東太陽西山上虞城是也帝
禹為夏后而別氏姓姒氏契為商姓子氏索隱曰禮

緯曰禹母脩己吞薏苡而生禹因姓姒氏而契姓子氏者亦以其母吞乙子而生棄爲周姓姬氏鄭玄駮許慎五經異義曰春秋左傳無駭卒羽父請謚與族公問族於衆仲衆仲對曰天子建德因生以賜姓胙之土而命之氏諸侯以字爲氏因以爲族官有世功則有官族邑亦如之公命以字爲展氏以此言之天子賜姓命氏諸侯命族族者氏之別名也姓者所以統繫百世使不別也氏者所以別子孫之所出故世本之篇言姓則在上言氏則在下也

太史公曰正義曰太史公司馬遷自謂也自叙傳云太史公曰先人有言又云太史公曰余聞之董生又云太史公遭李陵之禍明太史公司馬遷自號也遷爲太史公官題贊首也虞喜云古者主天官者皆上公非獨遷學者多稱五帝尚矣索隱曰尚上也言久遠也然尚矣文出大戴禮然尚書獨載堯以來而百家言黃帝其文不雅馴正義曰馴訓也謂百家之言皆非典雅之訓薦紳先生難言之徐廣曰薦紳即縉紳也古字假借孔子所傳宰予問五帝德及帝繫姓正義曰繫音奚計反五帝德及帝繫姓皆大戴禮文及孔子家語篇名漢儒者以二書非經恐不是聖人之言故或不傳學也儒者或不傳索隱曰五帝德帝繫姓皆大戴禮及孔子家語篇名以二者皆非正經故漢時儒者以爲非聖人之言故多不傳學也余嘗西至空峒正義曰余太史公自稱也嘗曾也空桐山在原州平高縣西百里黃帝問道於廣城子處北過涿鹿正義曰涿鹿山在嬀州東南五十里山側有涿鹿城即黃帝堯舜之都也東漸於海南浮江淮矣至長老皆各往往稱黃帝堯舜之處風教固殊焉總之不離古文者近是索隱曰古文即帝德帝系二書也近是聖人之說予觀春秋國語其發明五帝德帝繫姓章矣索隱曰太史公言已以春秋國語古書博加考驗益以發明五帝德等說甚章著也顧弟弗深考徐廣曰弟但也史說漢書見此者非一又左思蜀都賦曰弟如滇池而不詳者多以爲字誤學者安可不博觀乎○正義曰顧念也弟且也太史公言博考古文擇其言表見之不虛甚章著

矣思念亦且不須更深考論其所表見皆不虛索隱曰言帝德帝系所有表見者皆不爲虛妄也書缺有間矣正義曰言古文尚書缺失其間多矣而無說黃帝之語其軼乃時時見於他說索隱曰言古典殘缺有年載故曰有間然帝皇遺事散軼乃時時旁見於他記說即帝德帝系等說也故已今採按而備論黃帝已來事耳非好學深思心知其意固難爲淺見寡聞道也余并論次擇其言尤雅者故著爲本紀書首正義曰太史公據古文并諸子百家論次擇其言語典雅者故著爲五帝本紀在史記百三十篇書之首

索隱述贊曰

帝出少典　居于軒丘　既代炎曆
遂禽蚩尤　高陽嗣位　靜深有謀
小大遠近　莫不懷柔　爰泊帝嚳
列聖同休　帝摯之弟　其號放勳
就之如日　望之如雲　郁夷東作
昧谷西曛　明敭仄陋　玄德升聞
能讓天下　賢哉二君

右述贊之體深所不安何者夫敘事美功合有首末懲惡勸善是稱褒貶觀太史公贊論之中或國有數君或士兼百行不能備論終始自可略申梗概遂乃頗取一事偏引一奇即爲一篇之贊將爲龜鏡誠所

不取斯亦明月之珠不能無纇矣今並重
爲一百三十篇之贊云

史計叁阡捌伯陸拾壹字
注計壹萬柒阡玖伯陸拾肆字

五帝本紀第一　史記一